Der Autor wurde 1950 in Erfurt geboren. Er studierte in Weimar Bauingenieurwesen und schloss das Studium 1977 mit der Promotion ab. Danach war der Autor bis zum Eintritt in den Ruhestand im Jahr 2015 in einem Erfurter Planungsbüro tätig.

Seit mehr als 40 Jahren beschäftigt sich der Autor mit romanischer und vorromanischer Kunst sowie mit der Geschichte des frühen Kirchenbaus vom frühchristlichen Kirchenbau bis zum Kirchenbau des 13. Jahrhunderts.

Veröffentlichungen des Autors zum Thema:

"Frühe Kirchenbauten in Mitteldeutschland. Alternative Rekonstruktionen der Baugeschichten"
2016, 132 S., BoD-Books on Demand, Norderstedt
ISBN: 9783743180703

"Der frühchristliche Kirchenbau - das Produkt eines Chronologiefehlers. Versuch einer Neueinordnung mit Hilfe der HEINSOHN-These"
Im Anhang u. a. *Exkurs: Die Erschaffung der karolingischen und ottonischen Baukunst*
2017, 280 S., BoD-Books on Demand, Norderstedt
ISBN: 9783848256686

Michael Meisegeier

Das Heilige Grab in Gernrode - alles klar, oder?

Eine alternative Baugeschichte

im Anhang

Exkurs: Die "Reliquienkammer" in der Ostkrypta der Stiftskirche in Gernrode

© 2018
Herstellung und Verlag: BoD – Books on Demand,
Norderstedt.
ISBN: 9783746097381

Inhaltsverzeichnis

Inhaltsverzeichnis 5

Vorwort 7

"Es ergibt sich kein klares Bild" 9

Stand der Forschung 10

Die Datierung der Stiftskirche... 12

Das Dilemma der Stilkritik 19

Seit wann gibt es Heilig-Grab-Anlagen? 26

Alternative Rekonstruktion der Baugeschichte des Heiligen Grabes... 37

Das Grab in der Vorkammer 44

Umbauten der Stiftskirche im 12. Jh. 44

Literaturverzeichnis 47

Anhang 49

Exkurs:_Die "Reliquienkammer" in der Ostkrypta der Stiftskirche in Gernrode... 51

Literaturverzeichnis 59

Vorwort

Mit der 2007 erschienenen, beeindruckend umfangreichen Publikation zum Heiligen Grab in Gernrode von KAHSNITZ / KRAUSE / LEOPOLD / MÖLLER u. a. könnte man meinen, dass es darüber hinaus nichts neues Mitteilenswertes zum Gegenstand geben kann.

BADSTÜBNER bescheinigt in seiner Rezension dieser Arbeit eine Art Corpuseigenschaft: "Es ist der altbewährte Corpusgedanke, der dieser Veröffentlichung zugrunde liegt und dessen Absicht nicht in erster Linie die endgültige Klärung von geschichtlichen und kunstgeschichtlichen Sachverhalten ist, obwohl das selbstverständlich in der Aufgabenstellung mit enthalten sein muss, sondern vielmehr die möglichst lückenlose Dokumentation des erhaltenen Bestandes an Sachzeugen in aller Ausführlichkeit."

Der zunehmende Einzug naturwissenschaftlicher Methoden bei der Befundermittlung liefert zweifellos eine große Anzahl zusätzlicher Detailkenntnisse und ist demzufolge natürlich ein großer Gewinn. (Vielleicht suggeriert er aber auch dem Nichteingeweihten eine nicht vorhandene Endgültigkeit der getroffenen Aussagen.)

Die wichtige Frage der Datierung und Einordnung des Untersuchungsgegenstandes in den geschichtlichen und kunstgeschichtlichen Zusammenhang, ob Bauwerk oder Kunstwerk, können sie meist nicht beantworten. Noch gibt es keine überzeugende naturwissenschaftliche Methode zur expliziten Ermittlung des Datums der Errichtung Bauwerken bzw. Anfertigung künstlerischer Objekte. Die bekannten Methoden wie die Radiokarbonmethode oder die Dendrochronologie benötigen besondere Voraussetzungen, die relativ selten gegeben sind. Sie sind aus Sicht des Autors kritisch zu bewerten.

Um diese wichtige Frage zu beantworten, sind diverse Zusatzannahmen erforderlich, welche sämtlich nicht naturwissenschaftlicher Art sind, sondern ausschließlich Interpretationen darstellen. Dazu zählen hier im konkreten Fall

z. B. die Baugeschichte der Stiftskirche, aber auch allgemein die traditionelle Ereignisgeschichte und die darin eingebettete Kunstgeschichte.

"Es ergibt sich kein klares Bild"

Am 16.04.2017 wurde eine Dokumentation zum Heiligen Grab in Gernrode mit dem Untertitel "Geheimnisvoller Fund in der Stiftskirche" im mdr-Fernsehen ausgestrahlt.
Danach sehen die Forscher die Errichtung des Heiligen Grabes um 1080, womit dieses die älteste erhaltene Nachbildung des Heiligen Grabes nördlich der Alpen ist.
Der geheimnisvolle Fund ist ein in der Vorkammer aufgefundenes Kopfnischengrab einer weiblichen Person, welches zweifellos nachträglich in die Bausubstanz des Heiligen Grabes eingebracht wurde. Eine C14-Untersuchung der Gebeine ergab eine Datierung um 1045, womit es jedoch älter wäre als das Heilige Grab selbst. Ein offensichtlicher Widerspruch.
Zusätzlich irritiert hat die Forscher, dass im Halsbereich der bestatteten Person ein so genanntes Jerusalemkreuz aus Bernstein aufgefunden wurde. Jerusalemkreuze gab es jedoch erst nach der Eroberung von Jerusalem, was bedeutet, dass diese Person frühestens im Laufe des 12. Jh. dort bestattet wurde.
Bezüglich der C14-Untersuchung gehen die Forscher von einer Fehlmessung aus, da das Grab in der Vergangenheit als Hühnerstall und Schweinekoben genutzt wurde, womit die Messwerte verfälscht wurden.
Das Fazit in diesem Bericht lautet: "Es ergibt sich kein klares Bild".

Der Umgang mit der C14-Messung erscheint schon etwas problematisch. Die Verfahrensweise, Messwerte als Fehlmessung auszusondern, die nicht mit dem erwarteten Ergebnis übereinstimmen, ist zumindest fragwürdig. Wenn die Gründe zutreffen sollten, erhebt sich die Frage nach der prinzipiellen Eignung dieser Methode zur Datierung von Skelettfunden.
Es ist daran zu erinnern, dass auch im Fall der Editha in Magdeburg eine Fehlmessung behauptet wird - dort wegen dem vermehrten Fischverzehr der Editha. Übrigens wurde die C14-Untersuchung durch dasselbe Büro vorgenommen.

Stand der Forschung

Nach LEGNER ist das Heilige Grab in Gernrode "eines der großen Stil- und Zeiträtsel der Kunstgeschichte" [LEGNER, 39].

Die Datierungen des Heiligen Grabes in Gernrode schwankten im Laufe der Forschungsgeschichte ständig. Während 1902 GOLDSCHMIDT das Grab noch um 1170/90 sieht, wurde es zunehmend veraltet [ebd., 39]. Die Datierungen bewegen sich nun von "um 1000" bis zur heute bevorzugten Datierung "um 1080/1100". Zwischenzeitlich gab es vereinzelt einige jüngere Datierungen wie BERNDT (1932) mit 1100-1120 und GOSEBRUCH (1975) mit 1130 [ebd., 39]. LEGNER hält sich zurück und datiert es in das 11./12. Jh.

1980 erschien von VOIGTLÄNDER eine umfassende Publikation zur Stiftskirche in Gernrode einschließlich dem Heiligen Grab, die auch den damaligen Stand zusammenfasste. Seit dem hat sich die Datierung "um 1080/1100" einigermaßen verfestigt.

Die letzte große, 2007 erschienene, auf neuen Untersuchungen am Bestand basierende Publikation von KAHSNITZ / KRAUSE / LEOPOLD / MÖLLER datiert den Grabbau – wie gehabt - in das späte 11. Jh.

BADSTÜBNER lobt zwar in seiner Rezension zu [KAHSNITZ / KRAUSE / LEOPOLD / MÖLLER] deren Arbeit, zweifelt aber offensichtlich an der Datierung der Stuckreliefs, welche er im Einklang mit der älteren Forschung (FEULNER, HAMANN) eher Anfang des 11. Jh. sieht. Er fragt: "Wo gibt es dagegen Vergleichbares in der Skulptur „um 1100"?" Die Antwort des Autors: Nichts "um 1100", aber schon gar nichts "um 1000". Mehr dazu später.

KAHSNITZ / KRAUSE / LEOPOLD / MÖLLER sehen die Baugeschichte der Heilig-Grab-Anlage wie folgt:

Schon der ottonische Gründungsbau der Stiftskirche besaß eine Kultanlage in Form einer Arkosolnische von 2,28/2,30 m Breite und 85 cm Tiefe (davon 35 cm in die Wand eingetieft), die als Heilig-Grab-Nische interpretiert wird. Diese war an der Innenseite der südlichen Seitenschiffswand angeordnet. In der Nische eine Bodenplatte, in der Bogenleibung ursprünglich ein Engelrelief. Bauzeit um 1000.

1. Grabbauphase: Im späten 11. Jh. Errichtung eines Grabbaus vor der Arkosolnische und unter Einbeziehung dieser, bestehend aus einer Grabkammer sowie einer östlich anschließenden Vorkammer. Der Zugang zur Grabkammer in der Ostwand von der Vorkammer aus. Eine weitere Öffnung befand sich in der Nordwand, wobei unklar ist, ob diese ein Zugang war oder nur eine Einblicköffnung. Einbau eines Vierpassfensters in der Arkosolnische.
Der Zugang zur Vorkammer vom Querhaus (Spuren einer östlichen Abschlusswand der Vorkammer wurden weder an den Wänden noch im Fußboden gefunden). Die bisherige Nutzung der Heilig-Grab-Nische wurde beibehalten. Stuckreliefs an der Nordseite von Grabkammer und Vorkammer, an der Westseite der Grabkammer und in der Grabkammer (Bischofsfigur).

2. Grabbauphase: Größere Umgestaltung der Anlage „kurze Zeit nach dem Bau der Grabanlage". In der Grabkammer Einbau des Sarkophags vor der Nordwand mit Schließen der Öffnung in der Nordwand. Abschlagen der Engelreliefs in der Arkosolnische und Anbringung neuer Engel an der West- und Ostwand. Drehung der Bischofsfigur ein Stück nach Nordosten. Einbringung des Schmuckfußbodens. Herstellung eines neuen Zugangs zur Vorkammer in der Nordwand.

3. Grabbauphase: Im 12. Jh. Verringerung der Tiefe der Arkosolnische im Zusammenhang mit dem teilweisen Abbruch und Neubau der Seitenschiffswände, wobei die innere Schale der Seitenschiffswand bis ca. 5 m Höhe erhalten blieb. Einbau eines Okulus in der Südwand der Vorkammer, wobei unklar ist, ob dieser nicht schon einen Vorgänger hatte. Schließung der Ostarkade des Südseitenschiffs zum Querhaus im Zusammenhang mit dem Einbau der Querhausemporen. Treppenaufgang zur Empore direkt vor der südlichen Querhauswestwand.

4. Grabbauphase: Noch im 12. Jh. wurden das Portal zwischen Grabkammer und Vorkammer erneuert.

Nach Ansicht der Forscher gehören die Stuckreliefs der Nord- und der Westseite sowie das Relief des Bischofs im Innern in die Bauzeit, d. h. sie sind keine nachträgliche Zutat, womit eine viel frühere Bauzeit der Anlage noch ohne Stuckreliefs ausgeschlossen wird.

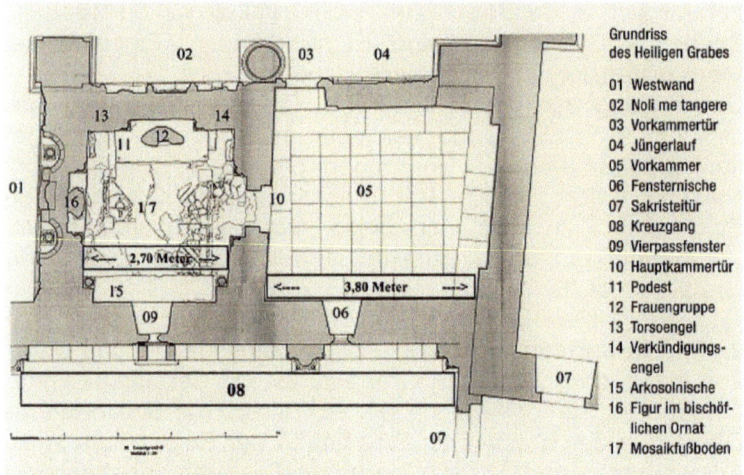

Grundriss
des Heiligen Grabes

01 Westwand
02 Noli me tangere
03 Vorkammertür
04 Jüngerlauf
05 Vorkammer
06 Fensternische
07 Sakristeitür
08 Kreuzgang
09 Vierpassfenster
10 Hauptkammertür
11 Podest
12 Frauengruppe
13 Torsoengel
14 Verkündigungs-
   engel
15 Arkosolnische
16 Figur im bischöf-
   lichen Ornat
17 Mosaikfußboden

Heiliges Grab. Grundriss entnommen aus [MÜLLER, 39]

Die Datierung der Stiftskirche

Bevor die Baugeschichte diskutiert werden kann, ist die Baugeschichte der Stiftskirche selbst erst einmal zu hinterfragen. Da der Heilig-Grab-Bau nachträglich in den Kirchenbau eingefügt wurde, muss sich die Baugeschichte des Heiligen Grabes in die des Kirchenbaus zwanglos einfügen lassen.

Traditionell datiert die Forschung den Baubeginn der Stiftskirche in das Jahr 959/961.
Es gibt einen Stiftungsbericht von 963, der jedoch nicht den Bau erwähnt. Darüber hinaus existieren je eine Schutzurkunde von Otto I. und Otto II.
Es muss zuerst einmal festgestellt werden, dass für Gernrode bis zum 15.Jh. jegliche Baunachrichten fehlen.

Trotzdem geht die Forschung von einem unverzüglichen Baubeginn des Kirchenbaus und seiner zügigen Fertigstellung aus, womit dieser Bau zum am besten erhaltenen ottonischen Bau und zum Paradeobjekt für die ottonischen Baukunst wird.

Zur Baugeschichte schreibt VOIGTLÄNDER: "Von der Baugeschichte ist nur wenig bekannt und das wenige nicht vollkommen eindeutig. Ein weites Feld schwach begründeter Vermutungen!" [VOIGTLÄNDER 1980, 53]

Trotzdem hält er für scheinbar eindeutig [ebd., 53f]:
1. Baubeginn spätestens wohl 961
2. Bauschluss spätestens 1014 (Jahr des Todes der ersten Äbtissin, die der Kirche noch den Kirchenschatz gestiftet hat)
3. Baurichtung sehr wahrscheinlich von Osten nach Westen.

Angesichts des bescheidenen Baus der Stiftskirche in Quedlinburg im ausgehenden 10. Jh. (siehe [MEISEGEIER 2016, 11-40]) ist der aufwändige Bau in Gernrode ein so krasser Gegensatz, dass allein dadurch die frühe Bauzeit in höchstem Maße anzuzweifeln ist.

Der Autor hat in seiner Publikation zu den frühen Kirchenbauten in Mitteldeutschland für diese, darunter auch für die Stiftskirche in Gernrode [MEISEGEIER 2016, 52-57], neue Rekonstruktionen der Baugeschichten vorgeschlagen.
In seinem Buch zum frühchristlichen Kirchenbau hat er im Anhang einen Exkurs zur karolingischen und ottonischen Baukunst beifügt, darin u. a. einen aktualisierten Abschnitt zur Gernroder Stiftskirche.

Danach wurde St. Cyriakus frühestens nach 1020 und spätestens um die Mitte des 11. Jh. begonnen und in der ersten Hälfte des 12. Jh. vollendet.

Nach eingehender Beschäftigung mit den Untersuchungsergebnissen von ERDMANN / JACOBSEN / KOSCH / von WINTERFELD erhellt sich die Baugeschichte noch ein ganzes Stück weiter.

Neben den Ergebnissen zur "Reliquienkammer" in der Ostkrypta (siehe Anhang mit Exkurs: Die "Reliquienkammer" in der Ostkrypta der Stiftskirche in Gernrode) sind die Ausführungen zur Vierung von besonderem Interesse, insbesondere, da die Verfasser die Existenz einer ausgeschiedenen Vierung als erwiesen ansehen. Die Ausführungen erlauben außerdem Schlüsse zur Bauchronologie.

Da entsprechende Abarbeitungsspuren der Vorlagen des Nordbogens sowohl auf der Ostseite als auch auf der Westseite nachgewiesen werden konnten, rekonstruieren ERDMANN / JACOBSEN / KOSCH / von WINTERFELD einstige ostwestgerichtete Vierungsbögen und damit eine ausgeschiedene Vierung [ERDMANN / JACOBSEN / KOSCH / von WINTERFELD, 255].

Der Befund der Abbruchspuren wirft einige Fragen auf:
1. Bei den Restaurierungsbeginn im 19. Jh. waren keine ostwestgerichteten Vierungsbögen vorhanden. Warum wurden die Vierungsbögen abgebrochen?
2. Auf der Südseite wurden keine Abarbeitungsspuren gefunden

Die Abarbeitungsspuren auf der Südseite sollen durch die bei der Restaurierung im 19. Jh. wieder (?) hergestellten Vorlagen verdeckt sein. Zu Frage 1 wird keine befriedigende Antwort gegeben.
Klar scheint dagegen zu sein, dass auf der Nordseite Vorlagen für einen ostwestgerichteten Vierungsbogen vorhanden waren und diese abgearbeitet worden sind.

14

Bevor die Frage der Vierung noch einmal zu diskutieren ist, soll ein weiterer Befund von ERDMANN / JACOBSEN / KOSCH / von WINTERFELD angesprochen werden.

Zwei Feststellungen, die zum Nachdenken anregen:
"Zwar stehen die Ostteile des Baues zueinander leidlich rechtwinklig ..." [ebd., 245]
"Dennoch ist die eigentlich erst westlich der Vierung einsetzende Achsabweichung schon in ihr angelegt." [ebd., 258]

Bisher hat sich bzgl. der Bauabfolge die Auffassung durchgesetzt, dass zuerst die Ostteile und der Westbau errichtet worden sind und danach das Langhaus von Westen nach Osten dazwischengesetzt wurde. Die Fuge ist am Westende des Querhauses vorhanden.

Das kann jetzt präzisiert werden:

In Gernrode erfolgte das Anlegen der Grundmauern nicht für den kompletten Bau, sondern für die Ostteile und die Westteile getrennt, wodurch es zu dem Fehler der Achsdifferenz von ca. 2 m kam. Dass eine sich dazwischen befindliche Bebauung das Anlegen des kompletten Grundrisses nicht möglich machte, hatte der Autor schon früher vermutet [MEISEGEIER 2016, 53]. Ob sich wirklich ein Vorgängerbau an dieser Stelle befand, wie ERDMANN / JACOBSEN / KOSCH / von WINTERFELD vermuten, könnte nur durch eine Grabung im Langhaus belegt werden. Bis dahin bleiben solche Gedanken reine Spekulation.

Nach dem Anlegen der Grundmauern wurden der Westbau und im Osten die Krypta und der Chor errichtet. Die auf der Südseite festgestellte und im Norden erschlossene Baufuge in der Querhausostwand [ERDMANN / JACOBSEN / KOSCH / von WINTERFELD, 279] belegen, dass das Querhaus in diesem Bauabschnitt noch nicht hochgezogen war. Auch ein weiterer Befund unterstützt die spätere Errichtung des Querhauses.

"Da die Achse des Triumphbogens gegen diejenige des Chorbogens nach Süden verschoben ist, zeichnet sich die Verziehung des Grundrisses schon in der Vierung ab. ... ist die eigentlich erst westlich der Vierung einsetzende Achsabweichung schon in ihr angelegt." [ebd., 258]

Das bedeutet, dass das Querhaus erst zusammen mit dem Langhaus, also zuletzt errichtet wurde. Beim Anlegen der Langhausgrundmauern bemerkte man natürlich den früheren Absteckungsfehler und versuchte diesen schon in der Vierung, trotz der dort bereits fertigen Grundmauern, durch das Verziehen des Triumphbogens etwas zu kompensieren.

In diesem Zusammenhang ist die ausgeschiedene Vierung noch einmal anzusprechen. Bei der Errichtung des Querhauses waren sicher ursprünglich Längsbögen im Norden und Süden der Vierung, also eine, wenn auch nicht perfekte ausgeschiedene Vierung geplant. Im Nordarm waren dafür die Vorlagen schon ausgeführt, den Längsbogen hatte man sicher noch nicht errichtet. Dazu fehlte nämlich die Mittelschiffswand als Widerlager. Der Horizontalschub aus dem Bogen hätte Standsicherheitsprobleme für den nordwestlichen Vierungspfeiler auch mit dem "schmalen Ostansatz der Mittelschiffswand" [ebd., 266] mit sich gebracht. Man hätte auf den Anschluss des Langhauses warten müssen, um weiter bauen zu können.

Der Autor nimmt an, dass zu diesem Zeitpunkt, vielleicht aus o. a. Grund, eine Planänderung vorgenommen wurde, indem auf die Längsbögen verzichtet wurde zugunsten eines durchgehenden, so genannten "römischen Querhauses". Die schon hergestellten Vorlagen wurden wieder abgearbeitet. Möglicherweise war zu dieser Zeit der Südarm noch gar nicht hochgemauert, so dass dort der Abbruch der Vorlagen nicht erforderlich war.

Es bleibt dabei, St. Cyriakus wurde frühestens nach 1020 und spätestens um die Mitte des 11. Jh. begonnen und in der ersten Hälfte des 12. Jh. vollendet. Die Bauform der Krypta spricht eher für einen Baubeginn am Ende der o. a. Zeitspanne, also um 1050.

Die Bauzeit des Querhauses und des Langhauses fällt in die erste Hälfte des 12. Jh. Dazu passt die Nennung des Hauptaltars und des Kryptaaltars im Jahr 1149.

Die beabsichtigte ausgeschiedene Vierung ist nach 1100 natürlich auch nicht mehr anachronistisch.

Auch das Problem der großen Zwillingsfenster mit den angeblich ottonischen Kapitellen in der Nordwand des Querhauses löst sich zwanglos. Die Kapitelle (vermutlich spätes 11. Jh.) stammen aus dem ab Mitte des 12. Jh. umgebauten Westbau, wie schon KRAUSE annahm [KAHSNITZ / KRAUSE / LEOPOLD / MÖLLER, 265], mit dem Unterschied, dass er den ursprünglichen Westbau und damit die Kapitelle im 10. Jh. sieht.

Die vermutete hölzerne Vorgängerempore im Nordarm [ERDMANN / JACOBSEN / KOSCH / von WINTERFELD, 265] löst sich damit in Luft auf. Genauso natürlich die ottonische Klausur [ebd., 281f]. Die ursprüngliche Öffnung in der Südwand des Querhauses verband die Klausur des 12. Jh. mit dem Südquerarm der Kirche, ebenfalls 12. Jh.

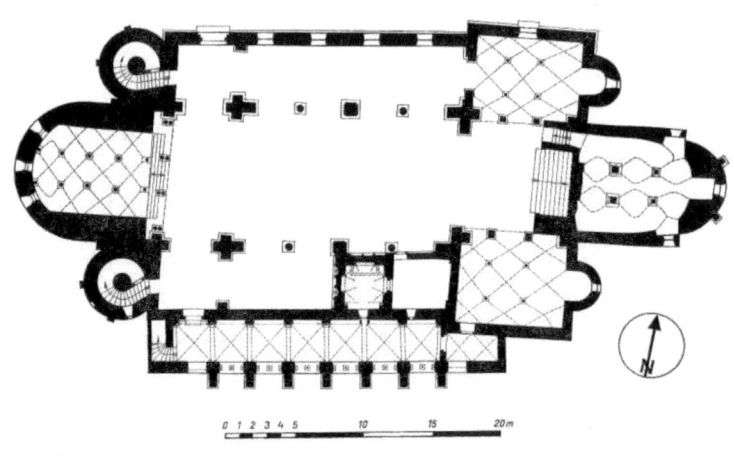

Gernrode, St. Cyriakus. Grundriss aus [VOIGTLÄNDER 1980, 28]

Alle ottonischen, vermeintlich zeitgenössischen Schriftquellen, wie Chroniken, Viten, sämtliche Urkunden, etc., sind nach Auffassung des Autors Fälschungen bzw. Pseudepigraphen, also Falschzuschreibungen aus späterer Zeit. Wie der Autor in seinem Buch zum frühchristlichen Kirchenbau [MEISEGEIER 2017, 245ff] ausführt, betrifft das sowohl die Sachsenchronik Widukinds als auch die Chronik Thietmars, aber auch die *Gesta Oddonis* der Hrotsvith von Gandersheim, die *Vita brunonis* von Ruotger, das *Ottonianum* von Heinrich II.

Das betrifft natürlich auch die Gründungslegende in Gernrode um den Markgrafen Gero, der danach sogar im Jahr 965 in der angeblich von ihm gestifteten Kirche beigesetzt worden sein soll.

Die Lage des Grabes ist nicht genau bekannt, obwohl nach ihm immer wieder gesucht worden ist [VOIGTLÄNDER 1980, 118]. In der Tumba von 1519 fand man 1865 Reste eines männlichen und eines weiblichen Skeletts.

Es gibt noch eine frühe Bestattung in der Stiftskirche, die heute nicht mehr verortet werden kann. Es ist die der Äbtissin Hathui, welche angeblich 1014 starb und *„in medio aecclesiae coram sanctae crucis altari"* beigesetzt worden sein soll. Hathui soll die erste Äbtissin in Gernrode und eine Cousine Ottos des Großen gewesen sein.

Die Situation erinnert sehr an die erfolglose Suche nach dem Heinrichsgrab in Quedlinburg. Dort wie hier ist das Ergebnis dasselbe: Die Bestattungen hat es nie gegeben. Sie gehören wie die Stiftungslegende zu dem ottonischen Geschichtskonstrukt.

Die Fertigstellung des Kirchenbaus, insbesondere des Langhauses, in der ersten Hälfte des 12. Jh. widerspricht natürlich einem angeblich nachträglichen Einbau um 1080/1100, wie ihn sowohl VOIGTLÄNDER als auch KAHSNITZ / KRAUSE / LEOPOLD / MÖLLER sehen. Die konventionelle Fehldatierung betrifft nicht nur den Kirchenbau selbst, sondern folgerichtig auch den Einbau des Heiligen Grabes in diesen.

Das Dilemma der Stilkritik

BADSTÜBNER vermerkt in seiner Rezension: "Beide Autoren der großen kunstgeschichtlichen Abschnitte (KRAUSE und KAHSNITZ - MM) mussten bekennen, dass weder die Bauuntersuchungen genaue Daten zur Baugeschichte noch die restauratorische Befundsanalyse sichere Entstehungszeiten für die Plastik ergeben haben. So blieben „für die nähere Bestimmung nur stilgeschichtliche Argumente."" Rein theoretisch kann man mit der Stilkritik sicher zu einem brauchbaren Ergebnis gelangen, sofern die Referenzobjekte, die man für die Einordnung und Datierung verwendet, zuvor selbst richtig eingeordnet und datiert sind. Das setzt natürlich voraus, dass die zugrunde gelegte stilgeschichtliche Entwicklung überhaupt richtig ist. Und da liegt der Hase im Pfeffer. Irrigerweise glaubt die Kunsthistorik, dass ihr die Architektur und Kunst des 8.-12. Jh. hinlänglich bekannt ist.

ARNDT weist in seinem Buch "Die wohlstrukturierte Geschichte" glaubhaft nach, dass die offizielle Geschichte des Mittelalters weitgehend konstruiert ist. Nach ihm ist die gesamte Geschichte von 911-1313 eine bewusste Konstruktion. ARNDT sieht insgesamt von 768 bis 1493 ein geschlossenes System, das während der Herrschaft Karl V. (1520-1556) "entworfen wurde, oder zumindest in wesentlichen Teilen erweitert wurde" [71f].

Wie oben bereits ausgeführt, sind die so genannten ottonischen Quellen im Wesentlichen Fälschungen vermutlich des 12. Jh. und später. Man muss sich vergegenwärtigen, dass die uns geläufige Geschichte der Ottonen ein Konstrukt ist, wie übrigens die Geschichte der Karolinger und die der den Ottonen folgenden Salier und Staufer ebenfalls.

Wie muss man sich das Entstehen dieses Konstrukts vorstellen?

1. Vor dem und bis hinein in das 12. Jh. gab es in Mitteleuropa keine geschriebene Geschichte. Geschichtsschreibung war

eine antike Tradition, die mit dem Ende der Spätantike ebenfalls endete. In weiten Teilen Mitteleuropas, natürlich besonders im Osten, gab es diese antike Tradition nicht. Bis weit in das 11. Jh. hinein war das Schreiben, also das Abfassen von Schriftstücken, im Prinzip ausschließlich eine in den Klöstern geübte Praxis, wobei es in der Regel allein um liturgische Schriften ging (Evangeliare, Evangelistare, Sakramentare, Kodizes, Lektionare, etc.).

2. Ab dem fortgeschrittenen 12. Jh. begann man Geschichte rückwirkend zu schaffen. Es kam es zu einem massenhaften Fälschen von Urkunden und anderen Dokumenten, i. d. R. zum Nachweis von Besitz und alten Rechten.

Den sozialgeschichtlichen Hintergrund sieht der Autor im Aufkommen des freien Städtebürgertums im 11. Jh., die Veränderung von dessen Rechtstellung und dessen wirtschaftlicher Erfolg. Die wirtschaftliche Tätigkeit des freien Städtebürgertums machte das Abfassen von Schriftstücken, z. B. für Verträge, zunehmend notwendig. Der unausbleibliche Austausch mit dem Feudaladel zwang diesen ebenfalls zur Schriftlichkeit, z. B. zum schriftlichen Nachweis seiner Rechte und Besitzansprüche.

Ergo, die Geschichte des gesamten Mittelalters ist weitgehend erfunden. Unser Geschichtsbild wird bis heute durch diese gefälschte, größtenteils erfundene Ereignisgeschichte geprägt. Die Erfindung betrifft wie oben bereits gesagt sowohl die Geschichte der Karolinger, als auch die der Ottonen, aber auch die Geschichte der Salier und Staufer. Das gesamte römisch-deutsche Kaisertum hat es nach Auffassung des Autors vor dem Spätmittelalter nie gegeben.

Die "Entstehung" der Geschichte der Karolinger, der Ottonen und des hohen Mittelalters hat der Autor bereits in seiner Veröffentlichung zum frühchristlichen Kirchenbau [MEISEGEIER 2017, 218ff] ausgeführt.

Die Geschichte des frühen und hohen Mittelalters hat also so, wie uns die konventionelle Geschichte vermitteln möchte, nie stattgefunden. Zwangsläufig sind natürlich unsere

20

Vorstellungen von der darauf aufbauenden Kunstgeschichte in diesem Zeitabschnitt auch falsch. Im Endeffekt gibt es weder eine karolingische noch eine ottonische Architektur und Kunst.

Doch wenn wir glauben, dass unser Wissen über die beiden folgenden Jahrhunderte viel besser ist, werden wir von neuem enttäuscht. Denn selbst die Architektur und Kunst des 11. Jh. und z. T. auch des 12. Jh. kennen wir kaum. Zum einen haben wir diesem Zeitraum die vermeintlich karolingischen und ottonischen Bauten und Werke entzogen. Zum anderen ist die Datierung der Bauten und Kunstwerke oft mehr als unklar.

Wirkliche Baunachrichten sind relativ selten, und wenn, dann oft sehr unscharf. Teilweise ist sogar die Zuweisung zum aktuellen Bau oder vielleicht zu einen Vorgängerbau völlig unklar.
Die aus den Nachrichten in den Quellen abgeleitete Baugeschichte nimmt die heutige Forschung oft für bare Münze und verwendet diese Daten für die Datierung weiterer Bauten und Objekte. Damit befindet sie sich im perfekten Zirkelschluss.

Der Autor hat in seiner Publikation [MEISEGEIER 2017] vereinzelte Datierungsirrtümer aufdecken können (Dom zu Speyer, St. Michael in Hildesheim u. a.).

In diese Falle sind natürlich auch KAHSNITZ / KRAUSE / LEOPOLD / MÖLLER bei der Untersuchung der Heilig-Grab-Anlage in Gernrode getappt.
Leider kamen ihnen weder Zweifel an der traditionellen Baugeschichte der Stiftskirche noch kamen sie auf die Idee, dass die vorausgesetzte stilgeschichtliche Entwicklung fehlerhaft sein könnte. Da leider beides zutrifft, mussten sie zwangsläufig trotz des großen wissenschaftlichen Aufwandes zu einem falschen Ergebnis gelangen.

Nachfolgend sollen die von KAHSNITZ und KRAUSE vorgenommenen stilkritischen Versuche und die von ihnen dazu angeführten Referenzobjekte etwas näher betrachtet werden.

Für die so genannten Zungenblattkapitelle der angeblich um 1000 errichteten Arkosolnische, einschließlich der Säulenkapitelle der Westwand, die ursprünglich an der Arkosolnische verbaut gewesen sein sollen, nennt KRAUSE als Referenzobjekte das "Westwerk" des Münsters in Essen, den Westbau der Stiftskirche in Gandersheim und die Krypta der Stiftskirche in Quedlinburg, weiter den Dom, St. Mauritius und St. Andreas in Hildesheim, St. Luzius in Essen-Werden und St. Severin in Köln [KAHSNITZ / KRAUSE / LEOPOLD / MÖLLER, 266ff].

Den Westbau des Essener Münsters datiert der Autor in die 1. Hälfte des 12. Jh. [MEISEGEIER, 2017, 228]. Die Krypta der Stiftskirche in Quedlinburg wurde erst nach 1150 errichtet [MEISEGEIER 2016, 34]. Der Westbau der Stiftskirche in Gandersheim wurde mit Sicherheit auch erst im 12. Jh. errichtet. Nach OSWALD besteht für den Westbau zwar Ähnlichkeit mit St. Pantaleon in Köln, aber "die Einzelformen jedoch ausschließlich spätes 11. Jh. und jünger" [OSWALD / SCHAEFER / SENNHAUSER, 90].
Die Krypta von St. Mauritius in Hildesheim als auch der Bau der Luziuskirche in Essen-Werden sind frühestens um 1100 bis 1. Viertel des 12. Jh. zu datieren. Die unteren Geschosse des Westbaus des Hildesheimer Doms gehören möglicherweise zum Neubau nach dem Brand von 1013, der Aufsatz mit den Schallarkaden und den zur Diskussion stehenden Kapitellen ist aber unzweifelhaft eine Zutat des 12. Jh.

Ein Indiz für eine zu frühe Datierung liefert KRAUSE [KAHSNITZ / KRAUSE / LEOPOLD / MÖLLER, 278] selbst: "Säulenflankierte Rundbogennischen wie hier sind in dieser Zeit ungewöhnlich. Soweit man den Denkmalbestand des 11. und 12. Jahrhunderts überblicken kann, wurden wandgliedernde Nischen normalerweise ohne plastische Rahmenform glatt in die Wand geschnitten. Einen Sonderfall bildet die um 962/968 entstandene sog. Confessio in der Stiftskirche in Quedlinburg." Die Stuckausstattung der

Confessio, auf die hier verwiesen wird, erfolgte erst nach 1129 [MEISEGEIER 2016, 34] und entfällt damit als Sonderfall.

Für die Kapitelle der Nischensäulen in der an das Ende des 11. Jh. datierten Grabkammer verweist KRAUSE auf die Querhauskrypta in Speyer, auf Ottmarsheim und auf die Krypta von Andlau [KAHSNITZ / KRAUSE / LEOPOLD / MÖLLER, 280]. Auch bei diesen Referenzobjekten liegt durchgängig eine Falschdatierung vor. So gehört die Querhauskrypta in Speyer zu einer Planänderung und datiert in die 1. Hälfte des 12. Jh. [MEISEGEIER 2017, 270f]. Auch Ottmarsheim ist zu früh datiert. Als vereinfachte Nachbildung des Aachener Oktogons ist seine Bauzeit eher Ende des 12. Jh./Anfang 13. Jh. zu sehen [ebd., 229]. Auch der westliche Teil der Krypta in Andlau ist nicht zwingend dem 11. Jh. zuzuordnen. Eine Errichtung der Abteikirche ab ca. 1100 ist deutlich glaubwürdiger, womit letztendlich die Krypta und der Westbau mit dem Portal einem Bau zugehörig sind; letzteres wird traditionell um 1130 datiert. Die karolingische Gründungsgeschichte ist konstruiert und reine Legende.

Zu dem Adlerkapitell in Gernrode schreibt KRAUSE [KAHSNITZ / KRAUSE / LEOPOLD / MÖLLER, 282]: "Mit Sicherheit aber gehört das ins späte 11. Jahrhundert zu datierende Gernroder Kapitell, wie auch die Quedlinburger Gruppe, zu den frühesten Beispielen des Adlerkapitells in der mittelalterlichen deutschen Architektur."
Wie oben bereits angeführt, ist die Krypta in Quedlinburg erst nach 1150 errichtet worden. Damit ist der von KRAUSE monierte größere Unterschied zu den vermeintlich jüngeren Kapitellen des Langhauses (vor 1129) verständlich, da diese einfach älter sind [KAHSNITZ / KRAUSE / LEOPOLD / MÖLLER, 282].

Auch das Auftreten der Ecksporen an den Säulenbasen wird von KRAUSE zur Datierung genutzt. Er sieht das Aufkommen im letzten Drittel des 11. Jh., "keineswegs überall durchgehend, sondern im willkürlichen Wechsel mit Basen ohne" [KAHSNITZ / KRAUSE / LEOPOLD / MÖLLER, 283f]. "Die Basen besitzen häufig Ecksporne, die zwar vor 1100

ungewöhnlich, nicht aber auszuschließen sind."
[VOIGTLÄNDER 1980, 89]. Ähnliche Behauptungen der
Forschung, wie z. B. deren frühes Auftreten an der Apsis des
Speyerer Doms, beruhen dort auf einer falschen Datierung.
Die von KRAUSE angeführten Beispiele, wie das Münster in
Konstanz, Reichenau Niederzell, Dom zu Bremen u. a., hält
der Autor durchweg für zu früh datiert. Nach Ansicht des
Autors kommen Ecksporen erst ab ca. 1130 vor.

Zum Ornamentrahmen des Bildschmucks der Nord- und
Westseite nennt KAHSNITZ als Referenzobjekte
Sant'Abbondio in Como, dann die Umrahmung der südlichen
Seitenapsis in der Stiftskirche in Quedlinburg und die
Fensterrahmung am Südquerhaus des Speyerer Doms
[KAHSNITZ / KRAUSE / LEOPOLD / MÖLLER, 364f]. Auch
hier wieder falsch datierte Bauten als Vergleichsbauten. So ist
in Quedlinburg das Querhaus mit den Seitenapsiden erst nach
1129 errichtet worden, wahrscheinlich sogar nach 1150
[MEISEGEIER 2016, 40]. Auch das Querhaus des Doms in
Speyer wurde erst im 12. Jh. erbaut, da die Erweiterung der
Krypta unter Vierung und Querhaus und der nachfolgende
Neubau des Querhauses auf jeden Fall nach 1100 erfolgt sind
[MEISEGEIER 2017, 270f].
Sant'Abbondio in Como, konventionell 1095 durch Papst
Urban II. geweiht, ist mit Sicherheit erst ein Bau des
fortgeschrittenen 12. Jh. Die Weihe durch Papst Urban II. ist
eine spätere, nicht zutreffende Nachricht. Diese basiert auf der
bis heute geglaubten, zumindest für die frühe Zeit bis zum
Mittelalter falschen Papstliste. Näheres dazu in [MEISEGEIER
2017, 25ff].
Denkbar ist natürlich in Como ein Vorgängerbau aus dem
11. Jh. Der Bauschmuck in Como gehört auf jeden Fall in das
12. Jh. und entfällt als Referenzobjekt für eine Gernroder
Heilig-Grab-Nachbildung im 11. Jh.

Zu den Stuckreliefs: "Über die Datierung der Stuckreliefs
besteht in der Forschung große Unsicherheit. Zwar wird
niemand mehr die Entstehung im letzten Drittel des 12.
Jahrhunderts vertreten, ..." [KAHSNITZ / KRAUSE /
LEOPOLD / MÖLLER, 368]. Doch, der Autor.

Wenn man das früheste Auftreten skulptierter Tympana in Sachsen und Thüringen [NEUBAUER, 12] um 1100 und die Entwicklungsstufe der Bauskulptur des Langhauses der Stiftskirche in Quedlinburg, fertiggestellt vermutlich 1129, in Betracht zieht, kann niemand ernsthaft eine frühere Datierung der Skulpturen des Heiligen Grabes in Gernrode behaupten.

Die Referenzobjekte für die Stuckreliefs, die KAHSNITZ anführt, sind durchweg problematisch.
Die Grabplatte Rudolfs von Schwaben (†1080) im Merseburger Dom: Die Bronzegrabplatte dürfte eher um die Mitte des 12. Jh. angefertigt worden sein, etwa zeitgleich mit anderen Bronzearbeiten, wenn auch das Motiv für die späte Anfertigung nicht bekannt ist.
Auch die Holztür in St. Maria im Kapitol in Köln gehört nach Auffassung des Autors in das 12. Jh., wie der gesamte Bau [MEISEGEIER 2017, 271].
Die Imad-Madonna in Paderborn dürfte ebenfalls zu früh datiert sein. Die betreffenden Schriftquellen sind im 12. Jh. angefertigt, die Geschichte des Doms und mit ihm der Madonna sind konstruiert.
Die zwei Steinplatten mit den Bischöfen und die Steinplatten der Tumba in St. Luidger in Essen-Werden gehören in die Mitte des 12. Jh. Der von der Forschung gesehene Zusammenhang mit der Weihe der Außenkrypta 1059 ist völlig willkürlich. Die Erwähnung in angeblich älteren Quellen ist durch deren spätere Erstellung zu erklären.
Nach Ansicht der Forschung wurden die Äbtissinnen-Grabplatten in Quedlinburg für das 1129 geweihte Langhaus angefertigt. In Erwägung zu ziehen ist aber auch deren Anfertigung für die um 1170 fertiggestellte Krypta. Ihre eventuelle spätere Verlegung im Langhaus spricht nicht zwingend dagegen.

Im Prinzip ist keines dieser Objekte sicher datiert. Möglicherweise ist eine Suche unter Werken des 12. Jh. Erfolg versprechender.

Bei der Beurteilung eines Kunstwerks mittels der Stilkritik darf jedoch letztendlich nicht vergessen werden, dass sich

Kunstwerke auch durch die Eigenart sowie die Fähigkeiten und Fertigkeiten des Künstlers unterscheiden. Nicht alle Ähnlichkeiten oder Abweichungen weisen auf eine zeitliche Differenz oder gar eine stilgeschichtliche Entwicklung hin. Erschwerend kommt hinzu, dass die relativ geringe Anzahl der überlieferten Kunstwerke kaum oder nur schwer den Schluss auf eine Entwicklung zulässt.

Seit wann gibt es Heilig-Grab-Anlagen?

Wie in der Veröffentlichung des Autors zu den frühchristlichen Kirchenbauten im Abschnitt *Jerusalem* [MEISEGEIER 2017, 88f] zur Grabeskirche ausgeführt, sieht der Autor in der Grabrotunde den justinianischen Gründungsbau, begonnen um 530, fertiggestellt vor 614, dem Jahr der Einnahme Jerusalems durch die Perser. Diese spätantiken Datierungen entsprechen nach u. Z. "um die Mitte des 10. Jh." bzw. dem Jahr 1032 [ebd., 12ff].
Damit wären Abbildungen oder Nachbildungen der Grabrotunde bzw. des bedeutendsten Teiles der Jerusalemer Grabeskirche, des Heiligen Grabes selbst, frühestens ab "um 1000" überhaupt erst möglich.
Nach traditioneller Geschichtsschreibung soll im Jahr 1009 der fanatische Kalif El Hakim die Grabeskirche zerstört haben, "das eigentliche Grab wohl völlig" [KAHSNITZ / KRAUSE / LEOPOLD / MÖLLER, 340]. Ist diese Nachricht vielleicht ein Indiz dafür, dass der Bau der Grabeskirche und mit ihm das Heilige Grab erst zu diesem Zeitpunkt oder nur wenig früher erfolgt ist? Der Neu- bzw. Wiederaufbau der Anastasis soll 1048 vollendet gewesen sein.
Erste Darstellungen der Grabrotunde, z. B. in der byzantinischen Kleinkunst oder Buchmalerei, sind also frühestens dem 11. Jh. zuzuordnen. Nach Mittel- und Westeuropa kommen solche Werke vermutlich erst mit den Kreuzfahrern.

Rein theoretisch sind natürlich Kopien der Grabeskirche als auch des Heiligen Grabes schon im 11. Jh. denkbar, also vor den Kreuzfahrern. Pilgerreisen zum Heiligen Grab zu Beginn des 11. Jh. und erst recht nach der Einnahme Jerusalems durch die Perser im Jahr 1032 dürften sich - wenn überhaupt - auf absolute Einzelfälle beschränken. Die Wahrscheinlichkeit einer daraus abgeleiteten Bautätigkeit in der Heimat geht nach Auffassung des Autors gegen Null.

Das geglaubte Grab Christi kommt dagegen erst durch seinen Verlust infolge der Einnahme Jerusalems durch die Perser in den Fokus. Diese Fokussierung auf das Heilige Grab in Jerusalem ist als propagandistische Aktion der Westkirche in Vorbereitung der Kreuzzüge zu werten.

Erst mit der Eroberung des Heiligen Landes durch die Kreuzfahrer war ein relativ sicherer Aufenthalt für westliche Pilger in Jerusalem möglich. Die Bautätigkeit der Kreuzfahrer, u. a. an der Grabeskirche, benötigte eine große Zahl an Werkmeistern und Bauhandwerkern. Mit deren Rückkehr gelangten die Informationen über die Gestalt der Grabeskirche und des Heiligen Grabes nach Europa.

Bei den bis heute erhaltenen Nachbildungen ist zwischen Grabeskirchenkopien und Heiliggrabnachbildungen zu unterscheiden, wobei sicher der Begriff "Kopie" nicht zu eng gefasst werden darf.

Als "singuläres Zeugnis der Architekturgeschichte" benennt KRÜGER Arculfs Plan der Grabeskirche. Dieser soll um 680 von dem gallischen Bischof Arculf nach dessen Reise ins Heilige Land angefertigt worden sein. Der Plan ist in mehreren Handschriften des 9. bis 13. Jh. überliefert [KRÜGER, 188]. Die traditionelle Datierung "um 680" ist offensichtlich spätantik und entspricht korrigiert "um 1098". Die Handschriften vor dem 12. Jh. sind alle zu früh datiert. Damit datiert diese "älteste europäische Architekturzeichnung" [ebd., 188] auch erst in die Kreuzfahrerzeit.

Ebenfalls spätantik datiert scheint das von KAHSNITZ erwähnte palästinensische Kästchen in der Vatikanischen Bibliothek zu sein, angeblich aus dem 7. oder 8. Jh. Das Kästchen soll Erd- und Steinreliquien von den loca sancta des Heiligen Landes beinhalten und eine Darstellung des Heiligen

Grabes zeigen [KAHSNITZ / KRAUSE / LEOPOLD / MÖLLER, 339]. Das 7. und 8. Jh. entsprechen korrigiert dem 11. und 12. Jh. Auch die Pilgerandenken aus Zinn und Blei, die so genannten Ampullen im Domschatz zu Monza und andernorts, dürften erst dem 12. Jh. entstammen.

Das von KAHSNITZ aufgeführte Marmormodell im Museum von Narbonne angeblich aus dem 5. Jh. ist vermutlich von der Antike her datiert und entspricht ebenfalls dem 12. Jh. (zur Korrektur der Datierung siehe [MEISEGEIER 2017, 12ff]).

KRAUSE und KAHSNITZ führen mehrere Beispiele von erhaltenen bzw. aus den Schriftquellen bekannten Grabeskirchenkopien und Heiliggrabnachbildungen vor dem 12. Jh. an, welche es nach Ansicht des Autors nicht geben kann. Sie sollen etwas genauer betrachtet werden. Zu der von KRAUSE [KAHSNITZ / KRAUSE / LEOPOLD / MÖLLER, 274] angeführten so genannten Memorie des Mellebaudis, angeblich spätes 7. bis Mitte 8. Jh., gibt es nicht einen Hinweis auf ein Heiliges Grab. Für eine Diskussion der vorliegenden Thematik ist dieses Beispiel absolut untauglich.

Fulda, St. Michael
Nach KAHSNITZ soll in St. Michael in Fulda, im Zentrum der Rotunde, bis 1715 ein Heiliges Grab gestanden haben [KAHSNITZ / KRAUSE / LEOPOLD / MÖLLER, 341]. Wikipedia: "Spätestens 1093 wurde eine Nachbildung des Heiligen Grabes mit drei Altären im Obergeschoss eingerichtet, die aber nicht mehr erhalten ist."

Der Bau von St. Michael, angeblich als Begräbniskapelle von 820 bis 822 durch Abt Eigil erbaut, gilt als karolingische Grabeskirchenkopie.

Die angeblich um 820 entstandene Vita Eigils von dem Mönch Candidus macht Angaben zu den Domkrypten und beschreibt St. Michael. Die Vita Eigils ist offensichtlich ein Pseudepigraph und frühestens im 12. Jh. entstanden.

Die gesamte frühe Baugeschichte baut auf dieser Falschinformation auf. Im 10. Jh. soll die Kirche bis auf die Krypta zerstört worden sein und kurz danach wieder in den alten Formen neu gebaut worden sein. Für das Jahr 1092 sei die Weihe von fünf Altären überliefert.

In Wirklichkeit gibt es weder Karolingisches noch Ottonisches, auch nichts aus dem 11. Jh. Der Bau wurde vermutlich in der ersten Hälfte des 12. Jh. errichtet. Eine Zerstörung und ein Wiederaufbau "in den alten Formen" hat es nie gegeben.

Die so genannte "karolingische Krypta" sind die Kreisringfundamente des Baus, die aufgrund der Hanglage so tief geführt werden mussten. Die Zwischenräume wurden nicht verfüllt, weshalb der Fußboden des Zentralraum im Keller einer Mittelstütze bedurfte, vielleicht auch wegen des dort platzierten Heiligen Grabes. Der so entstandene Keller ist die heutige "karolingische Krypta".

Ob eine kultische Funktion des Kellers ursprünglich schon beabsichtigt war, ist schwer zu beurteilen. Der Zugang erfolgte anfangs ausschließlich von außen, was eigentlich gegen eine solche spricht. Erst mit der späteren Überbauung durch den südlichen Kreuzarm kam der Zugang in das Kircheninnere. Im Übrigen datiert der Autor auch die Fuldaer Ratgarbasilika, traditionell im Jahr 791 begonnen, erst in die erste Hälfte des 12. Jh.

Konstanz, Münster

Eine Grabeskirchenkopie und eine Heiliggrabnachbildung aus dem 10. Jh. sollen in Konstanz bestanden haben, die "noch heute in Teilen stehende Mauritius-Rotunde neben dem Dom auf dem dort liegenden Friedhof". Das heute dort vorhandene Heilige Grab soll um 1260 in gotischen Formen erneuert worden sein. " [KAHSNITZ / KRAUSE / LEOPOLD / MÖLLER, 341]

Die das Heilige Grab umgebende Rotunde soll um 1300 erneuert worden sein.

Die Gründung durch Bischof Konrad (934-75) existiert nur in den Schriftquellen. Die von OSWALD und JACOBSEN gesehenen Baureste aus dem 10 Jh. sind nur anhand dieser Quellen datiert [OSWALD / SCHAEFER / SENNHAUSER, 160 und JACOBSEN / SCHAEFER / SENNHAUSER, 231f].

Nach Ansicht des Autors gab es keinen Bau des 10. Jh. Die noch stehende, um 1300 fertiggestellte Mauritius-Rotunde ist vermutlich der Ursprungsbau für das noch heute vorhandene Heilige Grab von "um 1260".

Aquileia, Kathedrale

Das marmorne Heilige Grab in Aquileia wird traditionell in das 11. Jh. datiert. Aufgrund des Kegeldaches soll diese Nachbildung den Bauzustand des Heiligen Grabes vor der Zerstörung von 1009 widergeben. Diese Anlage steht im nördlichen Seitenschiff der Kathedrale, die jedoch erst im 12./13. Jh. errichtet wurde [MEISEGEIER 2017, 118ff]. Die Heilig-Grab-Anlage in Aquileia kann frühestens im 12./13. Jh. zusammen mit dem Bau entstanden sein.

Ungewöhnlich ist, dass sich in Aquileia der Eingang im Westen und das Grab auf der linken Seite vom Eingang gesehen befinden. KAHSNITZ hält diesen Umstand für merkwürdig und völlig ungewöhnlich [KAHSNITZ / KRAUSE / LEOPOLD / MÖLLER, 341].

Wurde evtl. bei einer späteren Rekonstruktion die originale Situation verändert? Der kleine Rundbau wurde "nach den Ausgrabungen auf den Ziegelsplittestrichboden aus dem frühen 4. Jh. versetzt" [GLASER / POCHMARSKI, 77], ist also nicht in situ.

Paderborn, Busdorf-Kirche

1033 soll Bischof Meinwerk von Paderborn den Abt Wino von Helmarshausen nach Jerusalem gesandt haben, damit dieser einen genauen Plan und genaue Maße der Grabeskirche aufnimmt. Danach soll die in ihrer ursprünglichen Gestalt nicht erhaltene Busdorf-Kirche errichtet und 1036 geweiht worden sein. Ergraben wurde der Grundriss eines Oktogons "mit vier seitlichen Annexbauten, die sich ohne Zweifel auf die Nischen der Anastasis in Jerusalem beziehen" [KAHSNITZ / KRAUSE / LEOPOLD / MÖLLER, 341].

Der Zentralbau soll aber schon 1060/70 bei der Erweiterung durch eine Basilika weitgehend abgebrochen worden sein (Wikipedia).

Die fehlende Übereinstimmung mit der Grabeskirche, insbesondere aber die überdimensionierten Annexbauten, veranlassten WESENBERG anzunehmen, dass nicht die Grabeskirche aufgenommen wurde, sondern "Wino habe sich an einer byzantinischen Kirche mit kreuzförmigem Grundriss orientiert, weil die Anlage in Jerusalem damals in Ruinen lag".

KAHSNITZ weist diese Argumentation WESENBERGs zurück [ebd., 341].

Die Interpretation des Baus als Grabeskirchenkopie ist nach Auffassung des Autors unzutreffend, wie insgesamt die Rekonstruktion des Vorgängerbaus der Busdorf-Kirche. Der Vorgängerbau der Busdorf-Kirche ist an der Stelle des heutigen Kirchenbaus zu suchen. Das heute noch vorhandene romanische Sanktuarium sowie die beiden Türme waren nicht der ehemalige Westbau der oktogonalen Kirche, wie die bisherige Rekonstruktion behauptet, sondern die Ostbaulösung des Vorgängerbaus. Die Türme zuseiten des Chores sind Chorflankentürme, welche kaum vor 1100 zu datieren sind. Die unteren Geschosse des Westturms gehören ebenfalls zu diesem Bau, entstanden im 12. Jh.

Querhaus und Langhaus wurden nach einem Brand um die Wende zum 14. Jh. durch das jetzige Langhaus, eine gotische Halle, ersetzt.

Das Oktogon unmittelbar östlich des Chores dieser Vorgängerkirche war vermutlich eine Taufkapelle ähnlich einer Chorscheitelkapelle. Ob dieser Bau wirklich schon im 11. Jh. errichtet wurde, muss hier offen bleiben.

Falls die Nachricht stimmen sollte, dass der Bau schon im 11. Jh. wieder abgebrochen wurde, hätte der Bau schon vor dem eigentlichen Kirchenbau als Solitärbau bestanden. Oder gab es vielleicht einen weiteren, noch unbekannten Vorgängerbau des 11. Jh. an der Stelle der heutigen Kirche?

Vermutlich ist die Taufkapelle gleichzeitig mit dem Kirchenbau um 1100 errichtet worden. Ab dem 12./13. Jh. wurde allgemein, so auch in der Busdorf-Kirche die Taufe in den eigentlichen Kirchenraum verlagert. Damit wurde die separate Taufkapelle überflüssig und später abgebrochen.

Die Annexbauten dürften notwendigen Nebenfunktionen gedient haben, wie z. B. die Vorbereitung der Täuflinge.

Der Autor geht davon aus, dass die Interpretation der Grabung von 1935 von den frühestens im 12. Jh. entstandenen Schriftquellen maßgeblich beeinflusst wurde.

Nach Ansicht des Autors ist Bischof Meinwerk, aber zumindest die Zuschreibung dieses Baus zu Bischof Meinwerk legendär (Wikipedia: Vita Meinwerci, um 1165 von einem nicht eindeutig zu bestimmenden Autor verfasst).

Krukenburg bei Helmarshausen, Johanneskapelle
Auch die Johanneskapelle soll wie die Busdorf-Kirche nach dem von Wino mitgebrachten Plan errichtet worden sein.
Eine Grabeskirchenkopie innerhalb einer Burganlage irritiert schon, da eine solche eigentlich Pilgerströme anziehen sollte, die in einer Wehranlage zumindest fehl am Platz wären.
Nach der Webseite des Heimatvereins Helmarshausen war die Krukenburg eine Kirchenburg.
Der Bau der Kirche - eine kreuzförmige Anlage mit einem Rundbau im Zentrum - soll um 1120 durch Bischof Heinrich II. von Paderborn (1090-1127) erfolgt sein. Das Heilige Grab soll sich in der Krypta befunden haben [KAHSNITZ / KRAUSE / LEOPOLD / MÖLLER, 342].
Nach KRAUSE befand sich inmitten des zentralen Rundraumes ein kleiner, unterirdischer und als Heiliges Grab gedeuteter (!) Rechteckraum mit einer Arkosolnische in der Nordwand und zwei seitlichen Treppenzugängen [ebd., 274f].
Dagegen die Information auf der Webseite des Heimatvereins Helmarshausen: Nach den Ergebnissen der Ausgrabung war die Krypta ein etwa quadratischer Raum mit 5 m Seitenlänge, von einem Tonnengewölbe überdeckt und mit Zugängen im Süden und Nordwesten. Sie befand sich im Rundbau und wurde nach den Grabungen 1939 wieder eingeebnet. Von einer Arkosolnische noch von einer Deutung als Nachbildung des Heiligen Grabes verlautet auf der Webseite des Heimatverein kein Wort. [www.heimatverein-helmarshausen.de/krukenburg.html] Arkosolnische oder eben ein Tonnengewölbe?
Burgmauer und Graben sollen erst später, von 1215-1220 erbaut worden sein.
Mit der Errichtung der Kirche um 1120 ist dieser Bau ein Bau des 12. Jh., womit eine Anregung durch die Anastasis nicht ausgeschlossen werden kann, obwohl die Kreuzarme eher dagegen sprechen. Zu beachten ist auch, dass nicht jeder Rundbau eine Grabeskirchenkopie sein muss. So sieht der Autor z. B. in Sainte-Bénigne in Dijon (11. Jh.) oder im alten Dom in Brescia (11./12. Jh.) nicht zwingend Grabeskirchenkopien, wobei die Datierung in das 11. Jh. für Brescia durchaus fraglich ist. Ihre Bauformen leiten sich vermutlich aus anderen Vorbildern ab.

Das Johannespatrozinium (Johannes der Täufer) gibt vielleicht einen Hinweis auf die eigentliche Nutzung des Kirchenbaus auf der Krukenburg, die Taufe, wozu die Kreuzform der Anlage durchaus passt.

Die angebliche Krypta der Krukenburg-Kirche würde allen bekannten Baugewohnheiten der Romanik widersprechen. Eine solche wäre auch auf jeden Fall eher unter dem Ostchor zu finden.

Die Anlage war vermutlich keine Krypta, möglicherweise eher eine Gruft oder ein profan genutzter Raum. Es wurden keinerlei Schmuckformen gefunden, wie man bei einem kultisch genutzten Raum erwarten würde.

Ob die unterirdische Anlage bauzeitlich oder ein späterer Einbau ist, kann an dieser Stelle nicht geklärt werden.

Neuvy, Saint-Sépulchre
Mit Saint-Sépulchre soll 1042 in Neuvy eine Kopie der Anastasis errichtet worden sein soll. Während das Heilige Grab zerstört ist, ist die Rotunde heute noch erhalten.

Wikipedia: "Auf Initiative lokaler Herrschaften wurde in der ersten Hälfte des 11. Jahrhunderts der Bau einer weiteren Kirche beschlossen, die nach dem Vorbild der heiligen Grabeskirche in Jerusalem errichtet werden sollte. Die Identität dieser Personen findet sich in Akten des folgenden Jahrhunderts. Mehrere Chronisten berichteten von der Gründung der neuen Kirche zwischen 1034 und 1049. Zu ihnen gehörte Guillaume Godel (gestorben gegen 1173), der die Gründung in das Jahr 1042 datierte ..."

Wieder berichten Quellen des 12. Jh. über eine weit zurückliegende Gründung.

In der Grundrissskizze (Wikipedia) ist die Rotunde Mitte 11. Jh. bis Ende 12. Jh. datiert, die Basilika Mitte bis Ende 11. Jh. Der Datierung der Basilika in das 11. Jh. ist zuzustimmen, die Rotunde aber ist ein Bau frühestens Mitte des 12. Jh.

Cambray, Kathedrale (L'Abbatiale du St-Sépulcre)
Wikipedia: "An der Stelle der heutigen Bischofskirche ... gründete Bischof Leutbert 1064 das Benediktinerkloster *Zum Heiligen Grab* (*Saint-Sépulcre*). Die Abteikirche gestaltete er

durch größtmögliche topografische und architektonische Ähnlichkeit als Vergegenwärtigung der Grabeskirche in Jerusalem, die er auf seiner gescheiterten Wallfahrt 1054 nicht erreicht hatte."

Der Bau ist nicht erhalten; die heutige Kathedrale ist ein Neubau um 1700. Für eine Grabeskirchenkopie ist die Datierung in den Quellen auf jeden Fall zu früh, sofern die in den Quellen enthaltenen Informationen überhaupt zutreffen.

Saint-Hubert

"In Saint-Hubert weihte man 1076 ein »oratorium [...] quod dicitur ad sanctam Jerusalem, eo quod ad modum dominici sepulcri conditum, ipsam quoque eius formam repraesentet devotioni fidelium«." [KAHSNITZ / KRAUSE / LEOPOLD / MÖLLER, 342]

Dieser Bau scheint überhaupt nur in den Quellen zu existieren.

Quimperlé, Sainte-Croix

Die Rotunde Sainte-Croix in Quimperlé soll nach 1088 errichtet worden sein. Von dem eingebauten Heiligen Grab existieren noch Reste. [KAHSNITZ / KRAUSE / LEOPOLD / MÖLLER, 342]

Nach Wikipedia wurde die Abtei im 11. Jh. gegründet. Älteste erhaltene Bauteile sollen die Krypta, angeblich aus dem 11. Jh., die Apsis und der Mönchchor sein, letztere beide Anfang des 12. Jh. Angeblich wurde die Abtei im 12. Jh. wiederaufgebaut.

Die Basen der Kryptensäulen haben Ecksporen, womit die Erbauung im 11. Jh. auf jeden Fall anzuzweifeln ist. Die Rotunde ist nach den Schmuckformen ein Bau des 12. Jh., keinesfalls früher. Vermutlich ist der gesamte Bau im 12. Jh. entstanden; der Wiederaufbau ist der erstmalige Bau.

Schlettstadt, St. Fides

In der Krypta soll sich das Heilige Grab befunden haben. Seine Errichtung soll vor 1094 erfolgt sein [KAHSNITZ / KRAUSE / LEOPOLD / MÖLLER, 342].

Dass die so genannte Heilig-Grab-Kapelle in der Kirche St. Fides in Schlettstadt (Sélestat) als Heilig-Grab-Anlage errichtet wurde, ist abzulehnen.

Vermutlich hatte sich ursprünglich der östlich vor der so genannten Heilig-Grab-Kapelle gelegene Zentralraum nach Osten zu einer normalen Chorkrypta geöffnet, zugehörig vielleicht zu der Apsis des Vorgängerbaus, deren Fundamente man gefunden hat. Der sich westlich anschließende Annexraum, die so genannte Heilig-Grab-Kapelle, war ursprünglich vielleicht zur Aufnahme einer Bestattung, vielleicht einer verehrten Person aus dem Umkreis dieser Kirche bestimmt. Auf jeden Fall war damit dieser Annex ehemals Teil der Krypta des Kirchenbaus.

Eine Nachnutzung als Heilig-Grab-Anlage nach Aufgabe der Krypta ist durchaus denkbar, gehört dann aber auf jeden Fall in eine spätere Zeit, auf jeden Fall nach 1170/80, der Bauzeit des aktuellen Baus. Die evtl. dort ehemals vorhandene Bestattung wurde möglicherweise in die Oberkirche verlegt.

Übrigens sieht Wikipedia in der Anlage eine erst 1892 freigelegte quadratische Krypta des Vorgängerbaus. Die heutige Ausgestaltung sei der Zeit nach 1892 zuzuschreiben. Als Beispiel für eine Heilig-Grab-Anlage vor dem 12. Jh. taugt die Anlage in Schlettstadt sicher nicht.

Bologna, S. Stefano
Das Oktogon als Kopie der Anastasis in Jerusalem ist ein Bau des 12. Jh., der Grabbau wohl 13./14. Jh.
In Quellen angeblich des 9. und 10. Jh. soll die Bezeichnung "Jerusalem" mehrfach überliefert sein. Als Beleg für die Existenz einer Grabeskirchenkopie oder einer Heiliggrabnachbildung vor den 12. Jh. kann dieses Beispiel kaum dienen.

Ohne näher auf diese einzugehen, nennt KAHSNITZ noch einige weitere Bauten wie Piacenza (1055), Pavia (um 1090) und Mailand (1100) und verweist auf "zahlreiche weitere Beispiele... viele darunter älter als das Heilige Grab in Gernrode." [KAHSNITZ / KRAUSE / LEOPOLD / MÖLLER, 342]. KRAUSE sieht zusätzlich noch in Vienne (3. V. 9. Jh.)

und in St. Gallen (nach 984) frühe Heilig-Grab-Nachbildungen, die aber nur aus der schriftlichen Überlieferung bekannt seien [ebd., 274].
Der Autor ist sich sicher, dass eine nähere Betrachtung dieser Bauten in etwa ähnlich ausgeht wie die zuvor betrachteten.

Nach KRÜGER gibt es im 12. Jh. dann eine Fülle von Grabeskirchenkopien. Unter diesen nimmt das Heilige Grab in Eichstätt für ihn einen besonderen Rang ein, da es die getreueste Wiedergabe der mittelalterlichen Anlage darstellt [KRÜGER, 194]. Die Aufstellung in der Kapuzinerkirche ist nicht die ursprüngliche, da die Kirche erst im 17. Jh. errichtet wurde. Die Eichstätter Kirche des 12. Jh., in der das Heilige Grab ursprünglich angeordnet war, soll eine große Rundkirche gewesen sein [ebd., 194].
Übrigens ist die ursprüngliche Heiligkreuzkirche eine Gründung der iroschottischen Mönche, die, von Regensburg kommend, seit Mitte des 12. Jh. in Eichstätt ansässig waren [ebd., 194]. Nach KAHSNITZ soll es vom heiligen Willibald von Eichstätt eine Beschreibung des Heiligen Grabes in Jerusalem geben, das er angeblich 724 besuchte [KAHSNITZ / KRAUSE / LEOPOLD / MÖLLER, 340]. Geht man bei dem Jahr 724 von einer spätantiken Datierung aus, so ergibt sich das Jahr 1142 für seine Jerusalemreise. Ist der heilige Willibald von Eichstätt († 787/88), traditionell ein angelsächsischer Missionar des 8. Jh., eine Person des 12. Jh.? Das Baujahr des Heiligen Grabes um 1160 passt dazu perfekt. Die iroschottische Gründung und ein angelsächsischer Missionar passen ebenso.

Schlussfolgerungen:

1. Grabeskirchenkopien und Nachbildungen des Hl. Grabes gibt es erst im 12. Jh. Alle traditionell früher datierten Grabeskirchen- und Heiliggrabkopien sind falsch datiert. Genauso sind alle Schriftquellen mit Beschreibungen bzw. Erwähnungen des Heiligen Grabes bzw. der Grabeskirche erst ab dem 12. Jh. entstanden.

2. Die Vermittlung der Anordnung und der Gestalt der Grabeskirche und des Heiligen Grabes erfolgte erst durch die Kreuzritter. Die Rückeroberung von Jerusalem durch die Kreuzritter datiert 1099, womit diese Jahreszahl als *terminus ante quem* für alle Grabeskirchen- und Heiliggrabkopien anzusehen ist.

3. Die Datierung der Gernroder Anlage um 1080 ist zu früh. Das Heilige Grab in Gernrode stammt frühestens aus dem 12. Jh.

Alternative Rekonstruktion der Baugeschichte des Heiligen Grabes

Der Autor schlägt eine alternative Rekonstruktion der Baugeschichte des Heiligen Grabes in Gernrode vor.

Bauphase I:
Der Kirchenbau wurde in der ersten Hälfte des 12. Jh. fertiggestellt. Das von Westen nach Osten errichtete Langhaus traf am Ostende des Langhauses auf das von Osten nach Westen erbaute Querhaus, wie die festgestellte Fuge zwischen Seitenschiff und Querhaus nahelegt [KAHSNITZ / KRAUSE / LEOPOLD / MÖLLER, 240]. Damit ist seine Fertigstellung als eines der letzten Bauabschnitte in das 12. Jh. zu datieren.
Die erstmalige Erwähnung des Hochaltars um 1149 korreliert damit. Ebenfalls um 1149 wird in der Ostkrypta ein Altar erwähnt (Altar der 11000 Jungfrauen). Der Autor geht davon aus, dass die Krypta ursprünglich ohne Altar und ausschließlich für die Präsentation von Heiligenreliquien vorgesehen war. Durch den Funktionswandel zu einem "normalen" Kultraum, den Krypten allgemein ab der 2. Hälfte des 11. Jh. erfahren haben, wurde die Krypta nachträglich mit einem Altar ausgestattet.
Die vermeintlich frühere Erwähnung des Kreuzaltars in der Vierung bei Thietmar ist nur der falschen zeitlichen

Einordnung der Quelle geschuldet. Das Pseudepigraph "Thietmar" wurde frühestens nach der Mitte des 12. Jh. verfasst. Zu dieser Zeit war die Kirche längst in Nutzung bzw. schon wieder im Umbau.

Mit der Fertigstellung des ersten Baus der Kirche bis zur Mitte des 12. Jh. ist auch die Arkosolnische frühestens in diese Zeit zu datieren. Die ursprüngliche Bestimmung der Arkosolnische dürfte - entgegen der Auffassung der Vorautoren - der Aufbewahrung und Präsentation des Stiftschatzes, bestehend aus liturgischen Gerät als auch Reliquiaren u. ä., gedient haben.

Auch KRAUSE sieht die Möglichkeit einer solchen Nutzung: „… die Nutzung der Arkosolnische zur Aufstellung und besonderen Verehrung von Reliquien, etwa in einem großen Schreingrab …" [KAHSNITZ / KRAUSE / LEOPOLD / MÖLLER, 272].

Bemerkenswert die Feststellung von KRAUSE: "Im deutschen Sprachraum sind Arkosolgräber bis auf Ausnahmen erst im 12. Jahrhundert wieder bekannt, z. B. in Mainz, Steinbach, Eberbach und Schwarzenthann, ..." [KAHSNITZ / KRAUSE / LEOPOLD / MÖLLER, 271].

Letztendlich entschieden sich KAHSNITZ / KRAUSE / LEOPOLD / MÖLLER doch für die zweifelhafte Bestimmung als frühe Heilig-Grab-Anlage.

Bauphase II:

Um 1150/60 errichtete man vor der Arkosolnische - unter Einbeziehung dieser - die so genannte Grabkammer und östlich davor die so genannte Vorkammer. Die Funktion blieb zunächst unverändert. Die so genannte Grabkammer diente der Aufbewahrung des Stiftsschatzes, der zusätzliche, östlich anschließende Raum als Sakristei. In der Nordwand der Schatzkammer wurde eine Einblicköffnung angeordnet, die die Sichtverbindung vom Kirchenraum zu den Kultobjekten erlaubte. Der reguläre Zugang erfolgte von der Vorkammer. Dass die Vorkammer keinen Abschluss nach Osten hatte (Spuren einer Wand wurden weder an der Nord- und Südwand noch im Boden gefunden), ist schwer vorstellbar. Da eine mögliche Wand weder Stuckreliefs noch ein Gewölbe zu tragen hatte, wäre sie vielleicht als Leichtbauwand vorstellbar, welche ohne eigenes Fundament auf dem Fußboden stand. Vielleicht genügte ja auch ein Vorhang als Sichtschutz.

Dass der Bildschmuck der Nordwand und der Westwand das Ostergeschehen widergibt und damit konkret auf das Heilige Grab verweist, ist eine ziemlich willkürliche Interpretation der Forschung.
Die Identifikation der Frauenfigur sowohl der Nordwand als auch der Westwand als Maria Magdalena ist aus Sicht des Autors zweifelhaft. Mit dieser Interpretation steht und fällt die Interpretation der Darstellung der Nordwand als Noli-me-tangere-Szene. Der Autor sieht in den Frauenreliefs eher eine Äbtissin oder Stifterin. Das Relief des so genannten Jüngerlaufs an der Nordwand der Vorkammer entzieht sich einer wirklichen Identifizierung, da es weitestgehend zerstört ist. Das „Erkennen" der Szene als Jüngerlauf erscheint zielorientiert.
Der übrige Bildschmuck zeigt gängige christliche Themen und hat nur indirekt Bezug zum Ostergeschehen. Das Ostergeschehen als Kern der christlichen Religion kann in fast jede Darstellung hineininterpretiert werden.
Das Relief der Bischofsfigur verwirrt die Forschung nur geringfügig, obwohl dieses so gar nicht zu einer Heilig-Grab-Anlage passt. KRAUSE dazu: "Doch weder ikonografisch noch historisch gibt es dafür eine Erklärung, zumal sich bisher nicht einmal ermitteln ließ, wer hier tatsächlich dargestellt ist." [KAHSNITZ / KRAUSE / LEOPOLD / MÖLLER, 253]
KAHSNITZ schreibt: „Eine sinnvolle Erklärung für die monumentale Figur eines Bischofs – sei es nun ein Heiliger oder eine historische Person – und ihrer ursprünglichen Einbeziehung in das Ausstattungsprogramm des Heiligen Grabes gibt es nicht." [ebd., 328] Er sieht dieses Relief nicht dem Heiligen Grab zugehörig, sondern in einem rein architektonischen Zusammenhang. Z. B. könnte es seiner Meinung nach in dem im 12. Jh. abgebrochenen „Westwerk" angebracht gewesen sein. [ebd., 328f]
Für ihn liegt es nahe, dass das Relief einen Halberstädter Bischof darstellt, zu dessen Diözese Gernrode gehörte.

Mit der ursprünglichen Funktion der Anlage als Schatzkammer (Zither) erklärt sich die Bischofsfigur relativ zwanglos. Der Autor sieht in diesem Relief eine Stifterfigur. Die Annahme, dass diese den Bischof von Halberstadt darstellt, ist naheliegend. Der Halberstädter Bischof dürfte der Stifter des Kirchenbaus und vielleicht auch des Kirchenschatzes gewesen sein, weshalb er sich das posthume Relief am Ort der Präsentation sozusagen „verdient" hat.

Der in dem Stuckrelief dargestellte Bischof trägt das Pallium, das eigentlich nur einem Erzbischof zustand. Nach KAHSNITZ wurde jedoch 1063 durch Papst Alexander II. dem Halberstädter Bischof das Recht verliehen, das sonst nur Erzbischöfen vorbehaltene Pallium zu tragen [KAHSNITZ / KRAUSE / LEOPOLD / MÖLLER, 330].

Zur Zeit des angenommenen Baubeginns amtierten die Bischöfe Branthog (1023-1036) bzw. Burchard (1036-1059).

Offenbar war um 1150/60 das tatsächliche Gründungsgeschehen noch in lebendiger Erinnerung und nicht durch den Gründungsmythos um Gero überdeckt. Möglicherweise ist jener erst später erschaffen worden.

Nebenbei: Auch in der Stiftskirche in Quedlinburg wurden im 12. Jh. Stuckarbeiten ausgeführt. Die Stuckausstattung der "Confessio" datiert der Autor in die Zeit nach 1129 [MEISEGEIER 2016, 34].

Bauphase III:
Man dürfte relativ schnell festgestellt haben, dass die Westempore im Westbau als auch die Langhausemporen für den Aufenthalt der Stiftsdamen ungeeignet waren, wenn letztere überhaupt jemals diesen Zweck erfüllten. Der Zugang über die Treppentürme des Westbaus dürfte sehr beschwerlich gewesen sein, zumal wenn dieser mehrmals am Tag erfolgte. Auf der Langhausempore und noch mehr auf der Westempore im Westbau waren die Damen auch ziemlich weit vom eigentlichen Geschehen entfernt, das im Chor der Kirche stattfand.

Der Gottesdienst für die Stiftsdamen wird ursprünglich im Ostchor stattgefunden haben. Dafür mussten die Damen, vom Osteingang der Südseite kommend, den südlichen

Querhausflügel durchqueren und in den Chor aufsteigen, also den Laienbereich kreuzen. Außerhalb der Gottesdienste konnten sich die Damen auf der Westempore und der Langhausempore (?) aufhalten, waren aber vom Geschehen in der Kirche ziemlich abgeschnitten - wie oben bereits erwähnt. Das war sicher von Anfang an eine unbefriedigende Lösung, so dass man kurz nach Fertigstellung der Kirche schon einen Umbau anging.

Was lag näher, als die Westempore zu einem eigenen Damenchor umzufunktionieren. Dazu musste der Westbau umgebaut werden, was in der 2. Hälfte des 12. Jh. auch erfolgte. Dieser Umbau war die Veranlassung für die dritte Bauphase des Heiligen Grabes.

Als Zwischenlösung während der Bauzeit und vielleicht als zukünftigen, neuen Aufenthaltsort für die Stiftsdamen errichtete man um 1160/70 im Südquerarm eine Empore, die vom Kirchenraum zunächst über eine massive Treppe entlang der Westwand des Querarms zugänglich war, wofür die Ostarkade des südlichen Seitenschiffs geschlossen werden musste.

Vermutlich gleichzeitig mit dem Bau der Südempore oder nur wenig später errichtete man einen Übergang von dieser in den Chor, indem man den schmaleren, südlichen Kryptazugang beseitigte und an der Stelle den Unterbau für eine Treppenanlage von der Empore in den Chor aufmauerte.

Eine gleiche Empore errichtete man auch im Nordquerarm, die jedoch sicher nicht dem Aufenthalt der Stiftsdamen diente. Sie sollte von Anfang an die Schatzkammer (der Zither - 1358 erstmalig genannt) aufnehmen. Diese wurde bei der Restaurierung im 19. Jh. zwar festgestellt, aber nicht wieder hergestellt. Auch dürfte die östlich davor angeordnete Vorkammer (Sakristei) zum ursprünglichen Programm gehört haben.

Auch hier schaffte man einen Übergang zwischen der Nordempore und dem Chor, nur beließ man hier den nördlichen Kryptazugang, überwölbte diesen und errichtete über dem Gewölbe die Treppenanlage zur Empore.

Offensichtlich hatte zu diesem Zeitpunkt die Ostkrypta ihre Funktion verloren. Vermutlich übernahm die neu errichtete Westkrypta deren Funktion.

Auf der Nordseite gab es keine Treppe vom Erdgeschoss zur Empore wie im Südquerarm, weshalb die Ostarkade des Nordseitenschiffs offen bleiben konnte.

Die Forschung sieht die Errichtung des Zither erst etwa 150 Jahre nach Bau der Emporen [VOIGTLÄNDER 1980, 36], d. h. um 1280, und zuvor eine Nutzung durch die Kanonissen. Sie irrt darin. Der Zugang der Stiftsdamen zur Nordempore wäre viel zu umständlich gewesen.

Die Anzahl der Kanonissen war so gering, dass sie ohne Probleme auf einer Querhausempore platziert werden konnten. Die angeblich "24 jungen Damen des Hochadels" bei Gründung des Stifts im Jahr 959 [STEKO-Kunstführer, 12] sind - wie die Gründungslegende insgesamt - frei erfunden. Bei Gründung des Stifts im 12. Jh. dürften deutlich weniger, vielleicht sogar weniger als die Hälfte an Kanonissen in das Stift eingezogen sein. Für das hessische Kanonissenstift Wetter gibt es entsprechende Angaben. So gab es beim Aufbau des Stifts 10 Kanonissen und eine Äbtissin, im Jahr 1272 stieg die Anzahl auf 13 Kanonissen [SCHULZ, 444].

Ob Gernrode mit dem Einbau des Zither einschließlich Vorraum der Stiftskirche im nahen Quedlinburg folgte oder umgekehrt ist eine müßige Frage. Auf jeden Fall wurde in der Stiftskirche in Quedlinburg etwa zeitgleich (um 1170) auf der Nordempore, in der westlichen Hälfte, die noch heute erhaltene Schatzkammer, der Ziter, eingebaut. Seine Zugangsöffnung befindet sich in der Ostwand. Zum Querhaus war die Südseite der Ziterwand mit einem Kassettenschmuck versehen.

Die östlich des Ziter verbliebene Fläche im nördlichen Querhausarm war im 19. Jh. durch eine Wand von der Vierung abgetrennt, so dass eine Art Vorkammer bestand. Die damals angetroffene Trennwand stammte möglicherweise aus der Barockzeit. Man geht jedoch davon aus, dass sich ursprünglich bereits eine Wand an dieser Stelle befand.

Somit erfolgte der Zugang zum Ziter über die Vorkammer. Spätestens seit dem 17. Jh. diente die Vorkammer als Sakristei [VOIGTLÄNDER 1989, 82f].

Die traditionelle Forschung sieht zwar die Errichtung der Emporen in Quedlinburg deutlich früher, irrt aber diesbezüglich. Das Querhaus in seiner heutigen Gestalt entstand erst ab 1150/60 (siehe MEISEGEIER 2016, 35f).

Auch in Quedlinburg war die Südempore den Stiftsdamen vorbehalten.

Zurück nach Gernrode. Mit dem Umzug der Schatzkammer und der Sakristei auf die Nordempore war die Nutzung der Anlage im Südseitenschiff vakant. Erst jetzt erfolgte die Umnutzung in eine Heilig-Grab-Anlage. Die Vorkammer erhielt einen neuen Zugang in der Nordwand, da der ehemalige Zugang durch die Ostarkade in den Querhaussüdarm geschlossen wurde. Jetzt wurden in die Grabkammer der Sarkophag Christi und der Schmuckfußboden eingebaut. Die Stuckreliefs der Grabengel wurden an der Nord- und Ostwand angebracht. Möglicherweise gehört die Gruppe der drei Frauen dazu. Die ursprüngliche Einblicköffnung auf der Nordseite wurde geschlossen. Die Bischofsfigur wurde etwas nach Nordosten gedreht, damit sie in Richtung des Grabes blickte. In die Südwand wurde der Vierpass eingebaut, damit man von außen auf das leere Grab blicken konnte. Jetzt wurde der Zugang von der Vorkammer in die Grabkammer verändert, möglicherweise auch in der Höhe verringert, um den kleinen Zugang in das Heilige Grab in Jerusalem zu imitieren.

Natürlich irrt sich KRAUSE bei der Feststellung. dass die Heilig-Grab-Anlage in Gernrode in entgegengesetzter Richtung orientiert sei [KAHSNITZ / KRAUSE / LEOPOLD / MÖLLER, 277]. Der Vorraum in Jerusalem liegt auch im Osten und der Zugang zur Grabkammer erfolgt dort zwangsläufig ebenfalls von Osten.

Übrigens: Mit der Datierung um 1150/70 ist die Anlage in Gernrode etwa zeitgleich mit der Nachbildung des Heiligen Grabes in Eichstätt.

Das Grab in der Vorkammer

Das in der Vorkammer kürzlich entdeckte Frauengrab könnte auf die Reliquien des Kirchenschatzes ausgerichtet gewesen sein. Als Bestattete wäre nur die Stifterin des Kirchenschatzes oder eine Äbtissin denkbar. Die Bestattung dürfte auf jeden Fall zeitlich vor der Umnutzung zur Heilig-Grab-Anlage stattgefunden haben. Eine Bestattung in der Vorkammer eines Heiligen Grabes wäre singulär und würde dem Sinn der Anlage zuwider sein.

Infrage käme dafür die Äbtissin Hedwig III. von Seeburg († 1152), die angeblich seit 1118 Äbtissin in Gernrode war. Sie dürfte damit die erste Äbtissin von Gernrode gewesen sein. Bei der Datierung des Grabes in das Jahr 1152 wäre das bei der Bestatteten gefundene Jerusalemkreuz kein Novum. Nur die C14-Datierung bleibt indiskutabel.

Nach Wikipedia schenkte Äbtissin Hedwig III. von Seeburg dem Stift umfangreichen Besitz und es erfolgte eventuell unter ihrer Amtszeit der Einbau des Heiligen Grabes. Nach ihrer Amtszeit ist bis 1205 keine Äbtissin überliefert.

Umbauten der Stiftskirche im 12. Jh.

Der Umbau des Westabschlusses mit Errichtung des Westchores und der darunter befindlichen Westkrypta war der Auftakt zu einer Reihe von weiteren Baumaßnahmen am Kirchenbau; das sind neben dem Einbau der Querhausemporen der Abbruch der Langhausemporen mit Schließen der Emporenöffnungen, der großenteils Neuerrichtung der Seitenschiffswände mit neuen Fensteröffnungen.

Als letzte Baumaßnahme wurde Ende des 12. Jh. der doppelgeschossige Kreuzgang am Ostflügel der Klausur und an der Südseite des Langhauses angebaut. Er ermöglichte den direkten Zugang der Stiftsdamen vom Dormitorium im

Ostflügel der Klausur zur Empore im Südquerhaus und zum neuen Westchor.

Zu datieren ist der umfangreiche Umbau der Stiftskirche in die Zeit zwischen dem Tod von Äbtissin Hedwig III. von Seeburg und dem Jahr 1205, in dem die Stiftskirche ihren "Normalbetrieb" wieder aufgenommen hat.

Literaturverzeichnis

Arndt, Mario (2015): Die wohlstrukturierte Geschichte: Eine Analyse der Geschichte Alteuropas

Badstübner, Ernst (2007): Das Heilige Grab in Gernrode. In: Journal für Kunstgeschichte, Bd. 11, Nr. 3 (Rezension zu Kahsnitz, Rainer / Krause, Hans-Joachim / Leopold, Gerhard / Möller, Roland u. a.: "Das Heilige Grab in Gernrode")

Erdmann, Wolfgang / Jacobsen, Werner / Kosch, Clemens / von Winterfeld, Dethard (1988): Neue Untersuchungen an der Stiftskirche zu Gernrode. In: Bernwardinische Kunst. Bericht über ein wissenschaftliches Symposium in Hildesheim vom 10.10. bis 13.10.1984, (Schriftenreihe der Kommission für Niedersächsische Bau- und Kunstgeschichte bei der Braunschweigischen Wissenschaftlichen Gesellschaft, hg. von Martin Gosebruch, Bd. 3) Göttingen, S. 245-285

Glaser, Franz/Pochmarski, Erwin (2012): Aquileia. Der archäologische Führer. Herausgegeben von Holger Sonnabend und Christian Winkle. Philipp von Zabern. Darmstadt/Mainz

Jacobsen, Werner / Schaefer, Leo / Sennhauser, Hans Rudolf (1991): Vorromanische Kirchenbauten. Katalog der Denkmäler bis zum Ausgang der Ottonen. Nachtragsband., München

Kahsnitz, Rainer / Krause, Hans-Joachim / Leopold, Gerhard / Möller, Roland u. a. (2007): Das Heilige Grab in Gernrode. Bestandsdokumentation und Bestandsforschung. In: Beiträge zur Denkmalkunde in Sachsen-Anhalt, Band 3. Herausgegeben vom Landesamt für Denkmalpflege und Archäologie Sachsen-Anhalt, Berlin

Krüger, Jürgen (2000): Die Grabeskirche zu Jerusalem. Geschichte - Gestalt - Bedeutung. Regensburg

Legner, Anton (1999): Romanische Kunst in Deutschland. 3. Auflage, München

Meisegeier, Michael (2016): Frühe Kirchenbauten in Mitteldeutschland. Alternative Rekonstruktionen der Baugeschichten. BoD Norderstedt

Meisegeier, Michael (2017): Der frühchristliche Kirchenbau - das Produkt eines Chronologiefehlers. Versuch einer Neueinordnung mit Hilfe der HEINSOHN-These. BoD Norderstedt

Müller, Andreas (2014): Das Heilige Grab in der Stiftskirche St. Cyriakus zu Gernrode. PEDA-Kunstführer, Passau

Neubauer, Edith (1972): Die romanischen skulptierten Bogenfelder in Sachsen und Thüringen. Corpus der romanischen Kunst im sächsisch-thüringischen Gebiet Reihe B, Band I. Akademie-Verlag Berlin

Oswald, Friedrich / Schaefer, Leo / Sennhauser, Hans Rudolf (1990): Vorromanische Kirchenbauten. Katalog der Denkmäler bis zum Ausgang der Ottonen, München (unveränderter Nachdruck der Ausgabe von 1966-1971)

Schulz, Anne (2011): Essen und Trinken im Mittelalter (1000-1300), Berlin/Boston

Voigtländer, Klaus (1980): Die Stiftskirche zu Gernrode und ihre Restaurierung 1858-1872. Berlin

Voigtländer, Klaus (1989): Die Stiftskirche St. Servatii zu Quedlinburg. Berlin

- o. A. (2016): Stiftskirche St. Cyriakus Gernrode. STEKO-Kunstführer - No. 26, 6. Auflage

Anhang

Exkurs:

Die "Reliquienkammer" in der Ostkrypta der Stiftskirche in Gernrode

Im Jahr 1965 wurde bei Renovierungsarbeiten in der Ostkrypta eine interessante Entdeckung gemacht. In der Westwand wurde eine mittelschiffbreite, raumhohe, damals noch vermauerte, axiale Öffnung entdeckt.

VOIGTLÄNDER vermerkt in seinem 1980 erschienenen Buch, dass die Untersuchungen diesbezüglich noch nicht abgeschlossen sind.

Trotzdem vermeldet die Fachwelt schon eine erste Interpretation. So 1967 BELLMANN: "In Gernrode ist sogar das Kultgrab hinter der Westseite der Krypta noch nachzuweisen. 1965 wurde dort der Rest einer tonnengewölbten Kammer entdeckt, wenig schmaler als das Mittelschiff der Krypta, der Boden etwa 30 cm über dem Kryptenboden, mit Anschlag für einen Verschluß in der Öffnung zur Krypta." [BELLMANN, 47]

Auch der DEHIO (1976) gibt eine erste Information: "In der Mitte der KryptenWWand urspr. eine tiefe, oben mit dem Gewölbe abschließende Nische, dahinter vermutlich urspr. Reliquien (oder das Stiftergrab?)." [DEHIO, 125]

Auf die Veröffentlichung von VOIGTLÄNDER bildete sich eine Arbeitsgruppe aus bekannten Bauforschern, die einzelne Ausführungen VOIGTLÄNDERs auf ihre Richtigkeit überprüfen wollten. In diesem Zusammenhang erfolgten auch intensivere Untersuchungen am Bau selbst. Ein erster Vorbericht ist 1988 erschienen [ERDMANN / JACOBSEN / KOSCH / von WINTERFELD]. ROSNER bezieht sich im Abschnitt über die Gernroder Krypta bei der Beurteilung der Öffnung in der Westwand vorwiegend auf diesen Vorbericht.

Kurz das Ergebnis, zu dem die Arbeitsgruppe gekommen ist:
"... die Öffnung ist bei Errichtung der Krypta von Anfang an mit gebaut worden, und zwar mit gleicher Gewölbehöhe und -breite und mit gleicher Fußbodenhöhe wie der übrige Kryptaraum." [ERDMANN / JACOBSEN / KOSCH / von WINTERFELD, 249]

Insgesamt wurden vier zeitlich zu unterscheidende Bauphasen ermittelt, als Periode I bis IV bezeichnet.

Als Periode I wird der Ursprungsbau der Krypta gesehen. Schon in Periode I ist die Öffnung in ihrer gesamten Tiefe, als "Rohraum" bezeichnet, hergestellt worden. Die Perioden II und III betreffen nur noch Einbauten in diesen "Rohraum".

Die Periode IV ist dann die Aufgabe der Anlage und ihre kryptaseitige Vermauerung.

Das Forscherteam sieht in dem Befund eine Confessio (Heiligenkrypta). Zentraler Bauteil sei eine etwa 1 m breite und etwa 1 m hohe Kammer, die so genannte Estrichkammer, die durch ein axiales Fenster mit der Krypta verbunden war. Sie diente wohl zur Aufbewahrung eines Reliquiars (vollständige Heiligengebeine sind für Gernrode nicht überliefert). Wahrscheinlich für Armreliquie des hl. Cyriakus. [ERDMANN / JACOBSEN / KOSCH / von WINTERFELD, 252].

Im Hinterkopf hatten die Bauforscher offenbar eine Confessioanlage, wie sie BRAUN [557ff] in seiner umfänglichen Publikation zum christlichen Altar beschreibt. Die Begeisterung über das Auffinden einer solchen von BRAUN beschriebenen Anlage verhinderte offenbar einen nüchternen Blick auf den Befund.

Die Tiefe der erkundeten Anlage beträgt etwa 1,7 m [ROSNER, 304]. Da die Westwand der Krypta wohl kaum dicker war als 0,9 bis 1,0 m, befindet man sich mit dem hinteren Teil der Anlage bereits jenseits der Kryptawestwand, also in der Vierung.

"Ungeklärt die Einbindung der Confessio in den Chorstufenbereich: der Estrichraum in etwa niveaugleich mit dem Langhausboden ..." [ROSNER, 305].

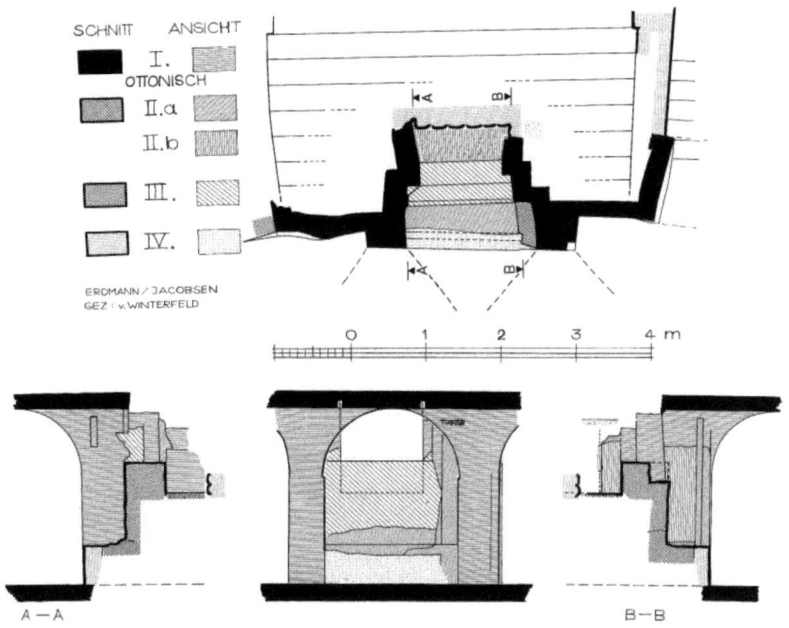

Bauarchäologischer Befund der "Confessio" nach [ERDMANN / JACOBSEN / KOSCH / von WINTERFELD, 250]

Der Autor möchte folgenden Alternativvorschlag für die Rekonstruktion der Anlage unterbreiten:

Die 0,66 m tiefe, raumhohe, tonnengewölbte Nische in der Kryptawestwand von 1,75 m Breite, dem lichten Abstand der Pfeiler, gehört zur ursprünglichen Raumkonzeption der Krypta (Periode I). Die Nische war nach Westen durch eine zwischen die Wände gesetzte Mauer (Periode II) abgeschlossen. Die Westflucht dieser Mauer II, deren Dicke unbekannt ist, war vermutlich die Westflucht der Kryptawestwand. Der Estrich der Vierung schloss logischerweise ursprünglich von Westen an diese Wand an. Die so genannte "Estrichkammer" war also keine gesonderte Kammer, sondern nur der Fußbodenestrich der Vierung.

Offenbar war nicht die westliche Mauerschale durchgeführt worden, sondern die Seitenwände der Nische stoßen durch die Kryptawestwand in den Vierungsbereich. Diese beidseitig weiter nach Westen führenden Mauern, die zur Periode I gehören, sind einfach die Reste der Chortreppenwangen, die sich jeweils von diesen Wangen bis zu den Wangen der Kryptazugänge im Norden und Süden erstreckten. Vom Kalkplattenboden der nördlichen Chortreppe wurde sogar ein Rest (unter der achten Chorstufe und über der sechsten Chorstufe) aufgefunden, den die Bauforscher aber aufgrund ihrer unzutreffenden Rekonstruktion nicht zuordnen konnten.

Nach einer Planänderung, wahrscheinlich zeitnah zur Errichtung der Krypta, wurde die zwischen die Wangen gesetzte Abschlusswand II zurückgebaut und durch eine 60 cm dicke Wand (Periode III) ersetzt, wobei die Ostflucht der alten Mauer beibehalten wurde. Vermutlich ragte diese neue Abschlusswand III aufgrund ihrer größeren Dicke weiter in die Vierung herein als die alte zuvor. Die lockere Steinschüttung, auf der die Wand III zum Teil aufsteht, ist der Unterbau des Fußbodens der Vierung bzw. die Verfüllung der tieferen Baugrube der Krypta.
Die neue Abschlusswand III erstreckte sich nicht über die volle Höhe, sondern ließ oben eine Öffnung, vermutlich zum Einblick in die Krypta.
Die etwa 1 m breite, zwischen den Chortreppen verbleibende Fläche, gestattete das Herantreten an die o. a. verbliebene, möglicherweise mit einem Gitter versehene Öffnung zum Einblick in die Krypta.

Zu einem späteren Zeitpunkt wurden der Nischenboden durch eine ca. 50 cm hohe Aufmauerung angehoben, vor die Nischenseitenwände die schmalen Wangen eingebaut und der Holzrahmen eingesetzt. Dass dieser nur einem Gitter als Anschlag diente, ist wenig wahrscheinlich. Da die verbleibende Nische schon an einen Wandschrank erinnert, wäre auch ein Verschluss der Nische mit einer zweiflügeligen Tür denkbar.

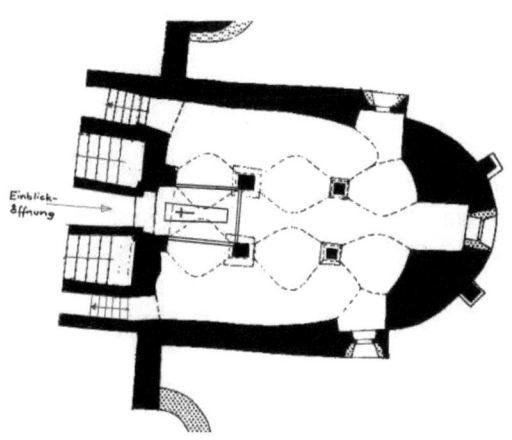

Abb. Ostkrypta mit geplantem, jedoch nicht realisiertem Heiligengrab (Rekonstruktionsvorschlag)

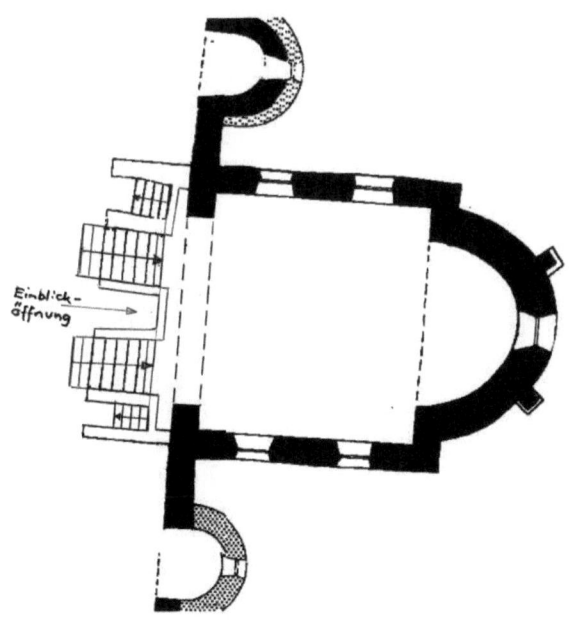

Abb. Ostchor (Rekonstruktionsvorschlag)

Nach Auffassung des Autors unterliegen die bisher in Gernrode tätig gewordenen Bauforscher einem Trugschluss, indem sie eine Reliquie hinter der Westwand als maßgeblich für die Krypta ansahen. Dem ist zu widersprechen. Auch der Autor hat in seinen früheren Buchveröffentlichungen die Bestimmung als Reliquienkammer übernommen ohne diese zu hinterfragen. Davon möchte er jetzt Abstand nehmen.

Zweifellos war der "umgangsbetonte Vierstützenraum" [ROSNER, 302] in der Gernroder Stiftskirche ursprünglich zur Präsentation eines Heiligengrabes (Sarkophag oder Reliquienschrein) konzipiert worden. Der Sarkophag oder auch ein größerer Reliquienschrein sollte jedoch nicht hinter der Westwand zur Aufstellung kommen, sondern vor ihr, im Mittelschiff der Krypta mit dem Kopfende in der Nische der Westwand.

Die zwei Rechteckvorlagen, die die Nische flankieren und die von der Einwölbung der Krypta her keinen Sinn machen, dürften zur Rahmung, d. h. dem gestalterischen Hervorheben, der Nische gedient haben. Die nördliche weist im unteren Teil eine Ausklinkung auf [ROSNER, 303], möglicherweise für eine dort ursprünglich vorgesehene Abschrankung.

Die geplante Präsentation eines Heiligengrabes unterblieb letztendlich. Vermutlich waren zur Zeit der Fertigstellung des Kirchenbaus im 12. Jh. Ganzkörperreliquien nicht mehr erhältlich, die Präsentation aber von einem kleinen Reliquiar in einer Krypta kaum sinnvoll machbar. Einen örtlichen Heiligen, wie etwa Bischof Bernward in der Michaeliskirche in Hildesheim, hatte man in Gernrode einfach nicht. Ähnliche Versuche andernorts, wie die Präsentation des Grabes von Königin Mathilde in der Stiftskirche in Quedlinburg oder des Grabes von Bischof Bernhard im Halberstädter Dom waren offensichtlich wenig erfolgreich gewesen.
So blieb die Krypta in Gernrode "leer". Sie wurde umfunktioniert in einen "normalen" Kultraum, z. B. für Privatmessen. In ihr kam ein Altar zur Aufstellung, der 1149 erstmalig genannt wird, vermutlich der später bezeugte Altar

der 11000 Jungfrauen. Die in der Westwand vorhandene Nische wurde zu einer Art Wandschrank umgebaut. Möglicherweise wurde die Einblicköffnung belassen und die Tür in einem Teilbereich dafür durchbrochen ausgeführt. Der "Wandschrank" diente vielleicht zur Aufbewahrung von liturgischem Gerät und anderen Kultgegenständen, Gewändern, etc., damit dieses nicht bei jeder Messe aus der Oberkirche in die Krypta und wieder zurück verbracht werden musste.

Auch in der nahegelegenen, etwa zeitgleichen Wipertikrypta in Quedlinburg ist eine dreischiffige Umgangskrypta erhalten. Dort sind die Seitenschiffe im Osten als Umgang um das Mittelschiff herumgeführt. Auch diese Krypta war ursprünglich ohne Altar. Das Mittelschiff verengt sich nach Osten. Allein die Grundrissform des Mittelschiffs dort legt nahe, dass es ursprünglich zur Aufnahme eines Sarkophags oder größeren Reliquienschrein vorgesehen war. Auch in St. Wiperti kam es nicht zur Aufstellung eines solchen, sicher aus ähnlichen Gründen.

Noch etwas zur Gernroder "Armreliquie des hl. Cyriakus". Markgraf Gero soll von einer Romreise den Armknochen des hl. Cyriakus mitgebracht haben, der danach in der Ostkrypta aufbewahrt worden sein soll. Diese Nachricht stammt von Thietmar, der oben bereits als Pseudepigraph charakterisiert wurde. Infolge dieser Reliquienübertragung soll der hl. Cyriakus zum Stiftspatron geworden sein. Die ehemaligen Patrone Maria und Petrus wurden damit verdrängt. Der von Thietmar geschilderte Vorgang dürfte komplett erfunden sein. Vermutlich präsentierte man die so genannte "Armreliquie des hl. Cyriakus" im 12. Jh. und veraltete sie, wie den gesamten Kirchenbau, durch die Erzählung Thietmars.

Literaturverzeichnis

Bellmann, Fritz (1967): Die Krypta der Königin Mathilde in der Stiftskirche zu Quedlinburg. In: Kunst des Mittelalters in Sachsen. Festschrift für Wolf Schubert, Weimar, 44 – 59

Braun, Joseph (1924): Der christliche Altar in seiner geschichtlichen Entwicklung. Band 1: Arten, Bestandteile, Altargrab, Weihe, Symbolik, München

Dehio, Georg (1976): Der Bezirk Halle. Handbuch der deutschen Kunstdenkmäler, Berlin

Erdmann, Wolfgang / Jacobsen, Werner / Kosch, Clemens / von Winterfeld, Dethard (1988): Neue Untersuchungen an der Stiftskirche zu Gernrode. In: Bernwardinische Kunst. Bericht über ein wissenschaftliches Symposium in Hildesheim vom 10.10. bis 13.10.1984, (Schriftenreihe der Kommission für Niedersächsische Bau- und Kunstgeschichte bei der Braunschweigischen Wissenschaftlichen Gesellschaft, hg. von Martin Gosebruch, Bd. 3) Göttingen, S. 245-285

Rosner, Ulrich (1991): Die ottonische Krypta. Köln

Voigtländer, Klaus (1980): Die Stiftskirche zu Gernrode und ihre Restaurierung 1858-1872. Berlin